나도 이제
주식 프로트레이더

최 강 주 의 주 식 Class

나도 이제 주식 프로트레이더

최강주 지음

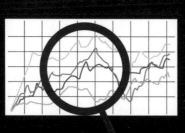

한국경제신문*i*

　주식 매매를 시작하면서 '어떻게 공부해야 할까?' 고민하는 분들
이 많습니다. 저도 주식 매매를 20년 동안 하면서 많은 경험과 연
구를 했고, 지금도 어떻게 하면 개인 투자자가 좀 더 쉽게 주식 매
매를 할 수 있을까 연구를 계속하고 있습니다. 그래서 저의 20년
주식 매매 노하우와 필살기들을 이렇게 여러분에게 공개하기로 마
음먹게 되었습니다.

　저는 십수 년 직장생활을 하면서 대부분 개인 투자자처럼 일하면
서 주식 매매를 했습니다. 직장생활을 하면서 매매를 한다는 게 사
실 그리 쉽지 않습니다. 중요한 타이밍을 놓치는 경우도 많고, 또한
매매가 힘들 때 심리적으로 흔들려서 직장생활에도 집중하지 못할
때가 많습니다. 저 또한 직장을 다니는 동안 주식 매매를 하면서 어
떻게 하면 직장인이 조금 더 편하게 매매를 할 수 있을 것인가 많
이 생각하고, 고민했습니다. 그래서 퇴근 후 잠을 줄이며 연구해서
기법을 만들고, 실전에 적용시키면서 많은 시행착오를 겪었습니다.
역시 진정한 노력은 배신하지 않았습니다.

본격적으로 주식 전문가를 시작하면서 제 기법들과 노하우를 다른 개인 투자자에게 꼭 나눠야겠다는 생각을 하고 있었습니다. 바쁘다는 핑계로 그 시간이 늦어진 것을 죄송스럽게 생각합니다. 제 강의와 기법들은 주식을 20년 동안 하면서 직접 체험하고, 학습하고, 때로는 실패를 겪어가면서 만든 제 주식 인생의 결정체라고 할 수 있습니다. 제가 지금도 활발히 사용하고 있고, 극소수에게만 전수하고 있는 비법들을 이렇게 글로 전수하게 되었습니다.

주식에 정도(正道)가 있을까요? 저는 정도는 없을 수도 있지만 최대한 손실을 줄이고 수익을 늘리는 방법은 존재한다고 생각합니다. 또한 그렇게 하는 것이 진정한 정도가 아닐까 생각합니다.

주식 매매는 운도 필요합니다. 그러나 결국에는 얼마나 스스로 준비했느냐, 얼마나 좋은 습관을 가졌느냐, 얼마나 원칙을 지키느냐가 중요합니다. 출발점에서는 그리 큰 차이가 나지 않습니다. 그러나 시간이 지나면서 노력한 만큼의 실력 차이는 곧 수익의 차이로 나타납니다. 시작할 때 폭락장에서 시작하는 분도 있고, 폭등장에서 시작하는 분도 있을 것입니다. 어떻게 시작했느냐, 언제 시작했느냐보다 중요한 것은 앞으로 어떻게 주식 매매를 하느냐입니다. 그것이 여러분 주식 인생에서 가장 중요한 것입니다.

　주식 매매는 어려운 내용도 많고, 개인 투자자를 기다리는 함정과 유혹도 많습니다. 스스로 준비하고, 쌓아가지 않으면 그 누구도 도와주지 않습니다. 스스로 준비해서 승리하기를 바랍니다. 그 길이 그리 어렵지만은 않습니다.

　이 책을 집필하면서 여러분에게 시장에서 승리할 수 있는 비법을 전수한다고 생각하니 그 기쁨이 상당히 컸다고 자신 있게 말씀드리고 싶습니다. 여러분들의 주식 인생에 빛나는 전성기를 가져오는 데 이 책이 큰 도움이 되기를 바랍니다. 감사합니다.

최강주

차 례

3장   대형주는 느려도 안전하게 수익을 낸다

4장   때로는 빠른 수익도 필요하다-데이트레이딩

5장 ## 백전백승의 최강주 쁠라로

6장 ## 기존 해석의 틀을 깨라

7장　최강주 필살기 모음

1장

세력의 힘의 크기로
수익을 낸다

01
세력의 에너지
크기 분석

  흔히 어떤 종목의 주가를 움직일 수 있는 가장 큰 영향력을 가진 집단을 세력이라고 합니다. 저는 세력의 힘의 크기와 방법에 대한 내용을 자세히 풀어나갈 것이고, 그 원리와 개인 투자자들이 힘겹게 싸워나갈 훌륭한 방법을 제시할 것입니다. 이 책을 끝까지 읽으면 이제 여러분도 프로트레이더가 되는 것입니다.

  세력은 그 종목마다 다르고, 자금력과 실력 또한 다릅니다. 빠르게 들어올려야 할 재료도 있고, 어떤 종목은 몇 년간 작업을 하기도 합니다. 세력의 에너지 크기는 반드시 자금력도 아니고 실력도 아닙니다. 그렇다고 재료의 크기만도 아닙니다. 자금과 시장 상황도 맞아야 하고, 자금과 재료의 크기도 적절하게 조화를 이뤄야 그 효과가 강력해지게 됩니다. 세력의 크기는 곧 상승력의 크기로 나눌 수 있습니다. 일단 일봉 차트에서 세력의 힘의 크기를 한번 재 보도록 하겠습니다.

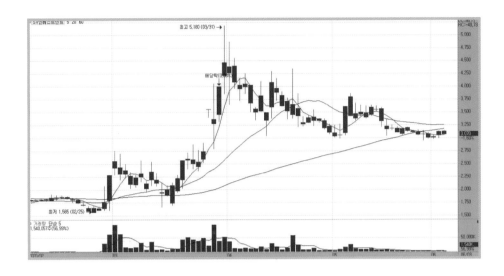

앞서 차트에서 첫 상승의 힘의 크기를 박스로 그리는데, 고점과 저점을 연결해서 박스를 만들고 같은 크기의 박스를 복사해서 그대로 위에 쌓아보면 일단 세력의 힘의 크기를 가늠하는 일은 끝납니다. 다음의 결과물을 보겠습니다.

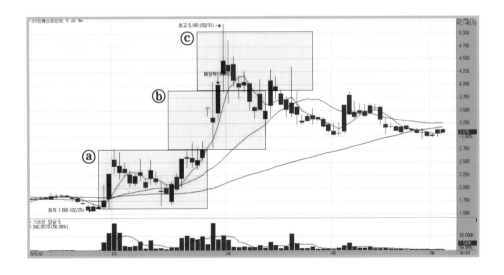

ⓐ박스가 첫 상승의 크기고, ⓑ박스가 2차 상승, ⓒ박스에서 마지막 상승이 나오고 일단 랠리를 마감합니다. ⓒ박스에서 고점이 빠져나오는 것은 서비스 구간이라고 봐야 할 것입니다. 처음 보는 분들 중 이 방법을 보고 잠시 놀라는 분도 있을 것입니다. 이 박스의 크기는 보통 첫 구간에서 3박스 위로 가는 힘이 제일 많고, 그것에 따른 매매 방법은 뒤에서 자세히 다루겠습니다. 박스의 크기는 돈의 크기와 세력의 실력과 비례하게 됩니다. 즉, 저 박스 크기만큼 올릴 자금이 있고, 그 박스 크기만큼 올려 조정을 받게 되어 있습니다. 마지막 상단 박스에서는 돌파 후 바로 급락하는 것을 볼 수 있습니다. 이렇게 제 매매 기법은 누구나 따라 할 수 있고, 바쁜 직장인도 편하게 매매할 수 있다는 장점이 있습니다. 이제 박스 기법을 다양한 형태로 자세히 알아보도록 하겠습니다.

02

양봉박스
기법

양봉박스 기법은 거래량이 터진 장대양봉을 기준으로 박스를 그려서 매수 포인트, 매도 포인트를 잡는 기법입니다. 장대양봉의 기준은 최근 거래량의 5배 이상 나와야 하고, 최대한 윗꼬리가 없으면 신뢰도가 더욱 높습니다. 먼저 예시를 보겠습니다.

ⓐ를 기준 양봉으로 잡습니다. 그리고 그 몸통만큼 박스를 그립니다. 그리고 그 박스 크기와 같은 크기의 박스를 그려서 그대로 위로 올려놓으면 일단 끝입니다. 앞서 예시에서 본 것처럼 한 박스 위의 크기만큼 상승이 몇 번이고 나옵니다. ⓐ박스 기준, 양봉 출현 다음 날 이미 나와버렸습니다. 그 이후에 또 기회를 줬습니다. 그럼 박스를 그리고 매매하는 방법은 어떻게 될까요? 매우 간단하고 쉽습니다. 다음의 그림을 보면서 설명하겠습니다.

ⓐ박스가 그려지고 ⓐ박스와 ⓑ박스의 경계선인 ⓐ박스 상단 가격에서 1차 매수를 합니다. 그 가격이 대략 1,545~1,555원이 됩니다. 3호가 정도 분할로 매수를 걸어놓으면 일단 매수는 끝입니다. ⓐ박스 하단이 오면 2차 매수를 하게 되는데, 2차 매수가 되었을 경우에는 1차 매수 가격인 ⓐ박스 상단에서 일단 절반을 매도하는

게 안전한 방법입니다. 수량이 많아지면 부담도 커집니다. 앞서 예에서는 2차 매수 가격이 오지 않았지만 시장 상황이나 세력의 컨트롤에 따라서 박스 하단까지 되밀림이 나오는 경우도 많습니다. 일단 너무 간단한 방법입니다. 장대양봉 기준봉을 잡고 박스를 그리고 매수 포인트를 상단 한 번, 하단 한 번을 잡으면 됩니다. 매도 포인트는 ⓑ박스 상단, 2차 매수가 되었을 때는 ⓐ박스 상단 절반과 ⓑ박스 상단에 절반을 매도하면 됩니다. 첫 번째로 배운 '최강주의 양봉박스 기법' 어떠신가요? 너무 쉬운가요? 다음 기법도 바로 배워보겠습니다.

03
음봉박스
기법

음봉박스 기법은 양봉박스 기법과 반대로 거래량이 많이 터진 장 대음봉을 기준봉으로 해서 박스를 그려 매매하는 기법입니다. 양 봉박스 기법과 조금 다르지만, 그리 어렵지 않으니 한번 천천히 보 겠습니다. 먼저 차트부터 보겠습니다.

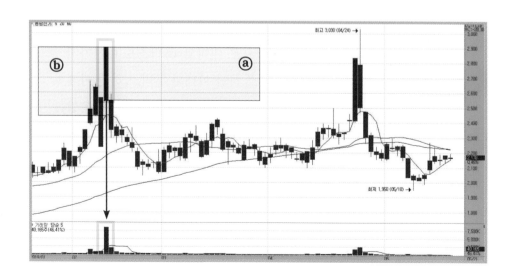

일단 거래량이 터진 장대음봉을 기준봉으로 선정하고 박스를 그리는데, ⓐ박스는 음봉의 시가에서 종가를 박스로 그립니다. ⓑ박스는 시가에서 저가까지 박스를 그려놓습니다. 그다음 과정을 차트를 보면서 설명하겠습니다.

ⓐ박스를 복사해서 그대로 하단으로 내리고, ⓑ박스도 마찬가지로 하단으로 둡니다. 그러면 ⓐ박스 하단 아래와 ⓑ박스 하단 아래 선이 보이는 A구간이 매수 구간입니다. 통상적으로 A구간에 분할 매수하면 되는데, 저 구간에 들어오면 바로 매수하는 게 좋습니다. 시간을 끌다가 못 사는 경우도 많기 때문입니다.

매수를 했으니 이제 매도를 해야겠죠? 매도 구간은 ⓐ박스 하단에 절반, ⓐ박스 상단에 절반 분할 매도하면 됩니다. B와 C가 바로 매도 라인이 되겠습니다. 이 기법에서 중요한 건 음봉 매매이기 때문에 ⓐ박스 상단에 못 미치고 윗꼬리가 발생하면 그냥 마음 편안하게 매도하는 게 낫다는 것입니다. 그 자리가 저항 지역이라서 돌파 시도로 애를 태울 가능성도 있기 때문입니다.

다시 정리하면 기준봉을 설정하고 박스를 그려둔 다음 A구간을 기다리면 되는데, 간혹 이 기법을 배운 분 중 그 자리가 안 올까 봐 미리 매수하는 경우가 있습니다. 그렇게 흔들린다면 이 기법이 다 무슨 소용일까요? 네, 맞습니다. 간혹 매수가가 안 오는 경우도 발생하지만, 그건 10%도 되지 않습니다. 앞으로 많은 기법들이 소개될 텐데, 여러분의 취향에 따라 주력 기법도 곧 생기게 될 것입니다. 많이 안다는 것은 주식 매매에서 큰 힘이 되고, 적중률이 높은 기법을 자신의 것으로 소화한다는 것은 더욱더 힘이 되는 것입니다.

04
파동박스
기법

주식은 파동과 추세가 매우 중요합니다. 그런데 그 파동에서 박스 기법이 적용됩니다. 그 이유는 파동을 만들 때 힘의 크기는 같은 세력이 만들기 때문입니다. 1, 2, 3 파동에서도 박스를 그려보면 그 힘의 크기를 알 수 있습니다. 일단 다음 그림을 보면서 자세히 이야기해보겠습니다.

A만큼 크기의 파동을 일단 증명합니다. 그리고 상승이 나오면 어김없이 2박스 크기로 올라와야 하는데 B는 살짝 미달입니다. 그 이유는 다음 그림을 보면 쉽게 이해될 것입니다.

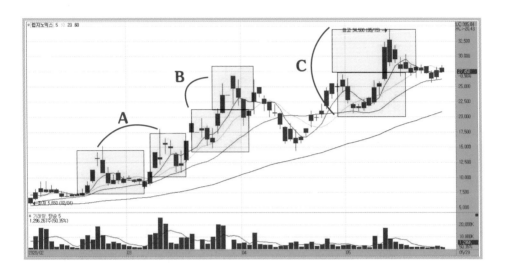

C구간에서 어김없이 한 치의 오차도 없는 2박스 업(Up)이 출현하게 됩니다. B의 미달박스 때문에 바로 조정이 오고, 어김없이 2박스를 올리는 힘을 보여줍니다. 이런 그림을 보고도 놀라지 않는다면, 아직 박스 공부를 더 할 필요가 있습니다. 그렇다고 아직 모른다고 해서 실망할 필요는 없습니다. 다음 장 추세박스 기법에서 또 여러분은 한 갑자의 내공이 증가할 것입니다.

05
추세박스
기법

이제 추세로 생기는 박스 기법에 대해서 알아보겠습니다. 추세와 파동은 주식의 기본이라고 할 수 있습니다. 모든 주식은 추세와 파동으로 그 움직임이 설명됩니다. 추세박스를 설명하기에 앞서 간단한 패턴을 알고 넘어가면 더욱 쉽습니다. 앞에서 이미 추세와 파동의 기초를 공부한 데는 다 이유가 있습니다. 자, 그럼 일단 예시를 보도록 하겠습니다.

하락 추세에서 박스를 보면 ⓐ박스를 이탈하는 ⓑ박스부터 3박스가 빠지는 ⓓ박스까지 큰 오차 없이 하락하는 것이 보입니다. 보통 추세는 대형주에 많이 적용됩니다. ⓓ박스를 기다리고 저점을 기다려서 ⓓ박스 하단에서 매수하는 것도 좋습니다. 그러나 1박스더 이탈할 가능성도 있기 때문에 신중할 필요는 있습니다. 어차피추세 전환 박스를 기대하는 것이므로 ⓓ박스 상단을 다시 돌파하는자리, 즉 ⓒ박스 하단에서 매수를 들어가는 전략이 더 좋을 수 있습니다. 그럼 상승 추세로 변하는 다음 그림을 보겠습니다.

하락 크기의 박스를 그대로 상승 추세로 옮겨놓으면 또 위로 3박스가 상승하는 것을 알 수 있습니다. 맨 오른쪽을 보면 추가 상승하면서 4박스 상승의 가능성을 보여주고 있습니다. 이렇듯 추세박스기법은 간단합니다. 하락이 시작될 때 의미 있는 고점과 저점을 그

린 박스를 네 개 그립니다. 그리고 박스 상하단이 겹치게 그려놓고, ⓓ박스 하단이나 ⓐ박스 상단을 돌파할 때 매수합니다. 매수가 이뤄지면 미리 박스를 옮겨서 상단끼리 겹치게 올려놓고, 그렇게 되면 그림은 끝이 납니다.

그리고 분할 매수를 하려면 박스 상단마다 해도 되고, 보통 3박스는 충분히 상승해주는 경우가 대부분이라 시간을 두고 3박스 위에서 매도를 해도 충분합니다. 군이 주식에 대한 테크닉이 없어도 박스만 그리고 옮길 수 있으면 수익을 낼 수 있는 기법이라니, 얼마나 편리하고 쉽습니까! 이 책에는 앞으로 이런 방법들이 무궁무진하게 나옵니다. 계속 집중해서 읽어주길 바랍니다.

06
급락박스
기법

갑자기 주가가 급락하면 누구나 당황하기 마련입니다. 이번에는 급락박스 기법에 대해 이야기할 것인데, 이 기법을 이해하기 위해서는 급락할 때 그 이유가 되는 악재의 종류를 어느 정도 알고 있어야 합니다. 특히 중소형주는 회사 매출이나 계약 취소 등의 매출에 관한 악재나 대주주 보유 주식 매도 혹은 배임, 횡령 등의 내부 악재가 발생할 때 급락하는 경우가 대부분입니다. 급락은 결국 위기가 있다는 것이기도 합니다. 그러나 안전한 급락도 있는데 그건 바로 급등 후 급락입니다. 급락을 하면 보통 주가가 끝난다고 생각하는 분들이 많은데, 주식에는 반등파, 리바운딩이라는 것이 존재합니다. 상대적으로 싸 보이는 현상을 보일 경우 일시적 반등이 나타나는데, 이 반등이 앞서 급등의 크기에 비례하기도 합니다. 다음의 예시를 한번 살펴보겠습니다.

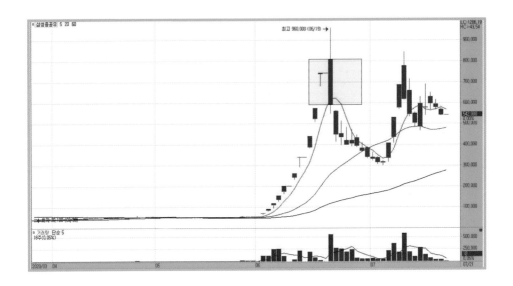

일단 급락하면서 거래량이 터진 음봉 몸통에만 박스를 그립니다.
즉 시가와 종가 크기의 박스를 그립니다. 그다음 과정은 바로 그림
으로 보겠습니다.

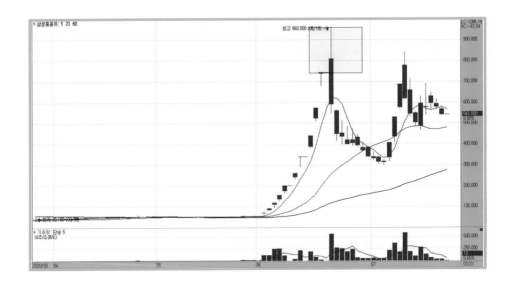

그 박스를 그대로 끄집어 올려서 고가에 닿게 선을 옮깁니다. 그리고 바로 다음 그림을 보겠습니다.

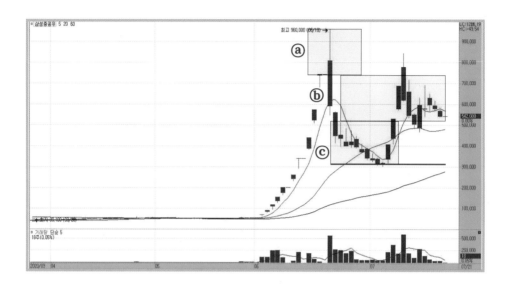

추가로 박스를 그리고 2박스 아래 ⓒ하단에서 매수를 하고, 매도는 ⓒ박스 상단 절반, ⓑ박스 상단 절반에서 마무리하면 됩니다. 여기서 중요한 것은 리바운딩, 즉 반등 매매는 항상 미리 첫 저항에서 수익 실현을 해줘야 하고, ⓑ박스 상단에서 주저한다면 무조건 미리 던지는 것이 상책입니다. 주식은 결국 대응을 잘하는 사람이 승률도 점점 늘어나고 수익도 늘어가게 됩니다. 이 기법도 그리 어렵지 않은 방법입니다. 박스를 미리 그려놓고 옮기기를 잘하면 되고 절대적으로 기다릴 줄 알아야 합니다. 첫 박스에서 못 참고 매수하게 될 수도 있는데, 안 오면 안 산다는 마음가짐이 중요합니다. 아무리 좋은 기법도 실행하는 사람이 원칙을 지키지 않으면 아무 소용없는 것입니다.

07
이동평균선
마스터

저는 이동평균선(이하 이평선)을 많이 보면서 매매하지는 않습니다. 그러나 이평선을 잘 알아둘 필요가 있기 때문에 주로 쓰는 이평선을 이용한 매매법을 소개하도록 하겠습니다. 매우 간단하면서 꼭 알아야 할 이평선 마스터입니다. 이평선 매매에서 가장 많이 쓰이는 것이 3일선, 5일선, 20일선, 60일선입니다. 먼저 3일선 매매 기법을 차트와 함께 보겠습니다.

급등하는 종목은 가장 잘 지지하는 이평선이 3일선입니다. 3일선은 단기 세력선이라고도 합니다. 급등 종목은 3일선 지지 매수, 이탈 매도로 대응하며 빠르게 대응하는 매매법이 확실합니다. 다음 5일선을 차트를 통해 보겠습니다.

5일선이 우상향되는 표시 지점부터 5일선 지지력이 좋아집니다. 이탈을 해도 복귀하는 시점이 매우 빨라집니다. 빠른 대응이 5일선 매매의 장점이지만, 잔손절이 많이 나올 수 있다는 단점도 있습니다. 다음은 20일선 매매의 예시를 보겠습니다.

　　20일선은 한 달의 심리선이라 3일선, 5일선에 비해 그 각도가 둔탁합니다. 바닥에서 수평 후 돌파하면 길게 끌고 가려는 성질을 가지게 됩니다. 돌파 구간 ①캔들에서 상승 흐름을 타는 것이 보이고, 3월 초반 가벼운 눌림이 나오고 추가 상승하게 됩니다. 이런 흐름에서는 20일선이 수평이 깨지면서 기울기가 생기고 그러면서 20일선을 이탈할 때가 매도해야 할 때입니다. ②캔들에서 고점을 갱신하고 그다음 날 음봉이 나오고 밀려 내려가는데, 시가 이후 잠시 상승하고 밀리면 매도하는 타이밍이 됩니다. 상승 각도가 밋밋해지고 후반에 20일선을 이탈했다면 급격히 기울 가능성이 커지기 때문입니다. 그 외에 더 큰 이평선들은 돌파와 이탈도 딱 한 번에 나오지 않고 들어왔다 나왔다 하는 경우가 많습니다. 장기 이평선들은 더욱더 큰 흐름에서 지지와 저항으로 볼 필요가 있고, 3일, 5일, 20일선이 매매에는 더 효율적입니다.

08
세력의
매집 분석

　매집이란 세력이 큰 흐름을 내기 전에 주식을 사서 모으는 행위를 뜻합니다. 그들도 철저한 계획 속에서 매집을 시작합니다. 일단 자금력이 무제한이 아니기 때문에 어느 구간에서 어떻게 할 것인가가 큰 관건입니다. 일단 대표적인 세력 패턴 차트를 한번 보겠습니다. 다음 종목은 2달간 20배 폭등한 종목입니다. 화장품 사업 진출이라는 이슈로 큰 화제를 불러일으켰던 종목이지만 지금은 상장폐지 기로에 서 있습니다. 설령 상장폐지를 모면한다고 해도 사업의 재기가 불투명하고 분식회계까지 저질러서 회생하기 힘든 종목입니다. 어쨌든 작전주의 대명사였으니 살펴볼 필요가 있습니다. 일단 급등 전 조금 지저분했던 앞의 자리를 잠깐 살펴보겠습니다.

　　첫 매집 과정에서 흔히 발생하는 패턴입니다. 올리고 누르고, 다
시 올리고 누릅니다. 첫 번째 언덕이 상당히 높게 발생하고 거래
량을 크게 키웁니다. 그리고 기간 조정과 가격 조정을 동시에 주면
서 압력을 가합니다. 쫓아온 물량도 밑으로 팔게 합니다. 즉 손절성
물량도 받아내면서 주가 등락을 키우는데, 여기서 광고의 효과도
발생합니다. 이 종목은 탄력이 좋다, 움직임이 좋다는 인식을 심어
주는 과정입니다. 이 자리는 큰 수량을 확보하기보다는 거래량을
늘려놓고 시장 참여자를 늘릴 준비를 하는 과정입니다. 마치 수영
장에 물을 채우기 전에 약품을 풀어 깨끗하게 청소하는 과정과 같
습니다. 세력이 팔고 사고를 반복하나 손실이 발생하기도 하는 구
간입니다. 이 구간이 지나자마자 나오는 구간이 다음 그림입니다.

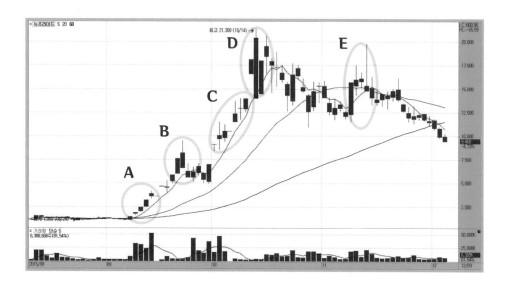

앞서 종목의 경우에는 미리 매집이 충분하지는 않았습니다. A구 간은 재료만으로도 상한가를 말아 올리기 쉬운 자리입니다. B구간 부터는 캔들이 길어지기 시작합니다. 순간 많이 올라와서 비싸다 는 인식도 생기게 됩니다. 그럴 때는 일부 계좌에서 매도를 하면서 단기 차익 실현도 합니다. 그러나 더 큰 재료를 감추고 있게 됩니 다. 그리고 터뜨리는 구간이 C구간인데 이곳은 캔들이 짧습니다. 그만큼 아래 매집이 탄탄해서 물량이 잠겼다는 의미가 되고, 팔 사 람이 그리 많이 나타나지 않는 구간입니다. 이제 파티를 시작하는 D구간인데 전일 꼭 급등을 시켜놓고 갭을 띄웁니다. 그리고 물량 을 투척하기 시작합니다. 다음 날 되돌림을 한번 주고 그동안 시 장에서 군침을 흘리던 신규 매수자를 끌어들입니다. 그리고 서서 히 물량을 정리하는데, 각도가 점점 흘러내리는 것이 보일 것입니 다. 그리고 반등파 E구간이 나오면서 대시세 분출을 마치며 작전 을 끝내게 됩니다.

09
세력은 가격을 흔드는 게 아니라 심리를 흔든다

주가를 관리하는 세력이 주식을 무척 잘한다는 건 분명할 것입니다. 그런데 그들이 제일 잘하는 건 뭘까요? 바로 그들은 심리전의 대가입니다. 작전이란 건 결국 주가를 올리면서 주식 시장의 관심을 끄는 것이고, 고점에서 자신들의 물량을 받아줄 사람들을 모집하는 일입니다. '개미 길들이기'라는 말을 한 번쯤 들어봤을 것입니다. 처음이자 마지막으로 '개미'라는 표현을 사용하는 것인데, 사실 저는 그 단어를 쓰지 않습니다. 그 단어는 우리 스스로를 낮춰 부르는 말입니다. 앞으로는 '개인 매매자' 혹은 '개인 투자자'라고 부르겠습니다.

세력이 가격을 흔드는 것은 결국 심리를 흔드는 것입니다. 어느 날의 캔들은 아무 의미가 없는데도 보유자들은 겁을 먹을 때가 있습니다. 주식은 시간과의 싸움이기도 하지만 가격대 변동이 커지면 가격과의 싸움이기도 합니다. 주식 차트는 결국 시간과 가격이라는 x축, y축의 상관관계를 가진 그래프입니다. 심리적으로 매수자는 짧은 x축의 흐름과 높은 y축의 흐름을 원합니다. 즉, 빠른 시간에 급상승을 원하는 것입니다. 반대로 x축이 길어지고 y축은 오히려 하락한다면 심리적으로 상당히 위축됩니다. 다음 그림은 시간과 가격을 베이스로 한 그래프이고 이것이 곧 우리가 매일 연구하고 관찰하는 주식 차트입니다.

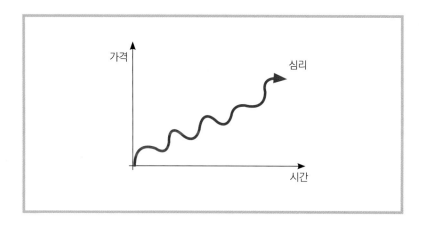

세력은 개인 매매자의 약점을 너무나도 잘 알고 있습니다. 시간적인 측면에서 개인은 그리 넉넉하지 않습니다. 수십억 원씩 여윳돈이 넘쳐나서 주식 매매를 하는 사람이 얼마나 있을까요? 적은 은행이자 때문에 마땅한 투자처가 없는 분들과 위험자산인 것을 알면서도 소액을 투자했다가 판이 커지는 분들이 많습니다. 그리고 가족 몰래 매매하는 분들이 많아서 더욱더 투자금에 대한 소중함과 압박감이 큽니다. 그래서 특히 시간에 대한 압박을 개인 투자자들이 많이 받게 되는 것입니다. 물론 가격적인 측면의 압박도 큰데, 가장 주된 이유가 비중이 커지면 감당을 못하기 때문입니다. 한 호

가당 100만 원씩 커지면 감당이 될까요? 두려움이 먼저 앞설 것입니다. 확신이 적은 개인 투자자들을 흔들기에는 세력의 조건들이 좋습니다. 물량이 확보되어 시가, 종가도 마음대로 휘두를 수 있는 세력이 얼마나 위력적으로 개인들의 심리를 흔들까요? 다음 차트를 살펴보겠습니다.

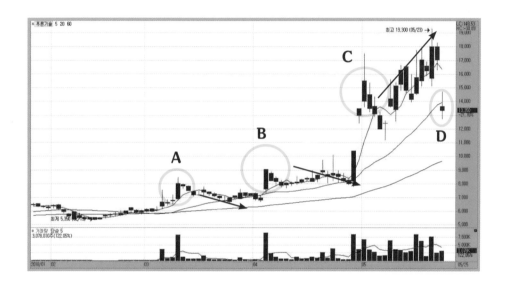

대부분 A구간에서 세력은 개인들의 참여를 꺼립니다. 한 번의 슈팅과 지루한 조정을 보이며 B를 맞이합니다. 그래도 사실 개인 매매자는 매수를 잘 하지 못합니다. 왜냐하면 급등하지 않으면 지루함을 느끼기 때문입니다. 그러나 확실히 오른다는 심리는 안겨줍니다. 개인 매매자에게 돈을 벌게 해줘야 결국 C구간 대첩에 끼어들게 하는 것입니다. 대개 '좋은 기억이 있어서 저 종목은 또 들어간다'는 말을 많이 합니다. 이게 바로 개인 매매자 길들이기입니

다. 매수하면 꼭 번다는 심리적 기대감을 안겨주고, 그렇게 함으로써 적극적인 매수를 유도하는 것입니다. 결국 개인 매매자들의 매수 금액을 더 크게 늘린다는 의미가 되는 것입니다. 좋은 기억이 있어야 욕심도 커지기 때문입니다. D에서는 모든 것을 말해줍니다. 더 이상의 자비는 기대하지 않게 만들어버립니다. 세력은 심리를 흔들어서 개인 매매자의 머리를 하얗게 만든다는 것을 잊지 말아야 합니다.

10
세력은 쉽게
포기하기도 한다

　개인에게는 꼭 수익을 내거나 본전 이상에서 나와야 한다는 기본적인 심리가 있습니다. 그리고 시간이 촉박합니다. 하지만 세력은 가끔 포기하기도 하고 거사를 연기하기도 합니다. 메이저들도 마찬가지입니다. 우리는 이상하리만치 거래원에 많은 신경을 씁니다. 물론 시총 상위 대형주는 세력의 수급이 매우 중요합니다. 그러나 그들의 수급을 제대로 파악은 하고 있는 걸까요? 그들이 사고파는 흐름의 그 내부 사정을 속속들이 알기는 쉽지 않습니다. 결론적으로 개인 투자자는 목숨을 걸고 그 종목에 투자해 수익을 보고 나오려고 애쓰지만, 그들은 쉽게 포기하기도 합니다. 우리가 자주 보는 종목의 투자자별 거래원을 삼성전자의 예시로 한번 살펴보겠습니다.

005930 ▼ 🔍 삼성전자 2020/07/23 ◉금액 ○수량 ○추정평균가 ◉순매수 ○매수 ○매도 ◉천주 ○단주 ◉전일비 ○등락률 투자자안내 단위:백만원,천주 조회 다음 차트

기간 20/06/23 ~ 20/07/23 누적순매수 -852,642 1,364,903 -504,673 -295,859 -49,655 -69,269 +1,117 +6,012 -49,242 -107,778 -7,078 -511

일자	현재가	전일비	거래량	개인	외국인	기관계	금융투자	보험	투신	기타금융	은행	연기금등	사모펀드	국가	기타법인	내외국인
20/07/23	54,100 ▼	600	15,910,888	+213,084	-66,919	-148,917	-91,975	-3,026	-19,142	+1,960	-39	-25,663	-11,030		+4,158	+614
20/07/22	54,700 ▼	600	12,885,057	+54,224	-21,413	-50,016	-20,858	+1,575	-12,139		+294	-10,898	-7,992		+7,367	-160
20/07/21	55,300 ▲	1,100	18,297,260	-378,321	+313,980	+84,770	+112,434	-3,022	-12,443		-4,123	+10,518	-18,693		-19,775	-654
20/07/20	54,200 ▼	200	10,507,530	-6,454	+61,713	-64,169	-48,500	-14,545	-1,522	+6,061	+336	+2,393	-8,392		+8,686	+223
20/07/17	54,400 ▲	600	10,096,174	-87,701	+83,620	+19,571	+7,407	+7,648	+3,556	-402	+1,121	+370	-129		-15,240	-250
20/07/16	53,800 ▼	900	16,779,127	+43,587	-64,369	+1,723	+20,319	-3,249	-10,565	+3,491	+51	-8,192	-133		+18,727	+333
20/07/15	54,700 ▲	900	24,051,450	-393,152	+297,504	+118,309	+132,107	-12,749	+4,301	+234	+223	-9,050	+3,242		-22,557	-104
20/07/14	53,800 ▲	400	14,269,484	-37,436	+123,072	-86,142	-52,308	-8,256	+1,465	+58	+10	-27,220	+109		+696	-178
20/07/13	53,400 ▲	700	12,240,188	-117,834	+58,216	+58,934	+20,741	-2,754	+1,805	-2,687		+43,706	-1,876		+840	-158
20/07/10	52,700 ▼	100	13,714,746	+111,481	+84,062	-189,529	-131,332	-3,693	-7,082	-533	-148	-41,802	-4,939		-6,612	+599
20/07/09	52,800 ▼	100	17,054,850	+39,668	+80,529	-120,807	-114,548	-917	-7,233	+309	+154	+999	-1,256		+890	-270
20/07/08	53,000 ▼	400	19,664,652	+85,195	-11,222	-79,930	-62,523	-3,971	-16,796	-2,068	-880	+20,922	-14,613		+5,796	+160
20/07/07	53,400 ▼	1,600	30,760,032	+263,809	-32,641	-220,628	-103,997	-5,930	-20,370	-501	+1,180	-60,857	-30,353		-10,412	+71
20/07/06	55,000 ▲	1,400	19,856,623	-314,886	+74,761	+237,964	+191,593	+5,978	+8,461	+195	+546	+11,599	+19,663		+2,921	-760
20/07/03	53,600 ▲	700	11,887,868	-139,304	+87,208	+53,038	-32,893	-5,773	-7,547	+113	+1,308	+30,719	+1,324		-34	-908
20/07/02	52,900 ▲	300	14,142,583	+29,067	-4,307	-24,789	+24,703	-1,187	-7,663	+2,143	+611	-24,948	-18,443		-106	+136
20/07/01	52,600 ▼	200	16,706,143	+66,229	-96,796	+22,182	+45,607	+882	+1,438	+3		-15,070	-10,678		-2,227	+603
20/06/30	52,800 ▲	400	21,157,172	-154,133	+80,030	+66,027	+30,606	+4,089	+10,764	-71	+200	+17,586	+2,865		+692	-626
20/06/29	52,400 ▼	900	17,776,925	+79,040	-26,230	-46,403	-44,622	-1,452	+8,985	+61	+420	-7,936	-1,859		-4,519	+112
20/06/26	53,300 ▲	1,400	21,575,360	-198,796	+120,887	+77,270	+5,834	+5,070	+8,230	-2,545	+1,282	+53,420	+7,978		+837	-198

15, 17, 21일을 보면 외국인과 기관의 쌍끌이 매수가 들어왔습니다. 다음 차트에서 보면 그날은 상승갭하면서 상승 양봉을 보였습니다. 외국인은 주로 프로그램 매수로 들어옵니다. 어쨌든 쌍끌이 매수가 들어온 날은 대형주들이 상승할 확률이 100%에 가깝습니다.

그러나 우리는 이러한 거래원 수급으로 속는 경우가 많습니다. 그들이 사면 계속 쫓아가는 경향을 보이거나 팔면 따라서 파는 경우가 많습니다. 그러나 대형주들도 미스터리한 일들이 많이 벌어집니다. 무조건 오를 것 같은 날인데 하락하거나, 내릴 것 같아서 던지면 바로 올라오고는 합니다. 여기서 핵심은 흐름을 보라는 것입니다. 대형주는 철저히 추세와 수급이기는 하나 일일 수급에 너무 연연하면 큰 그림을 놓치게 됩니다. 메이저들의 수급은 하루아침에 돌변하기도 하고, 그들은 악재가 터지거나 민감한 경기 변화에도 수익, 손실에 관계없이 도망갈 수 있다는 사실을 잊어서는 안 됩니다. 오히려 계속 순매도가 나오다 대량 순매수가 나온다면 그때부터 차트의 흐름과 함께 관심을 가지다가 그들 등에 몰래 올라타서 함께 가는 좋은 그림을 연출할 수도 있습니다. 특히 대형주들은 외국인, 기관 동향을 잘 체크할 필요가 있습니다. 단, 그들은 보고서 한 장으로 손절할 수도 있다는 사실을 잊어서는 안 됩니다.

11
세력이 매집하기
좋은 조건은?

세력은 어떤 종목이나 다 매집해서 주가를 들어 올리지 않습니다. 세력은 결국 유통 물량을 많이 움직일 수 있는 힘을 가진 집단입니다. 일단 매집 조건에서 힘든 종목은 매집할 수량이 거의 없는 종목일 것입니다.

주주현황			단위 : 주, %
항목	보통주	지분율	최종변동일
이인옥(외 31인)	2,424,065	60.60	2020/04/07
자사주	780,000	19.50	2020/06/09
조선내화우리사주	451	0.01	2013/12/30

주주구분 현황 자세히보기				단위 : 주, %
주주구분	대표주주수	보통주	지분율	최종변동일
최대주주등 (...	1	2,424,065	60.60	2020/04/07
10%이상주...				
5%이상주주 ...				
임원 (5%미...				
자기주식 (자...	1	780,000	19.50	2020/06/09
우리사주조합	1	451	0.01	2013/12/30

자료의 종목을 보시면 보호지분이 80%가 넘게 있습니다. 나머지 20% 유통물량은 임자가 아무도 없을까요? 가격을 올린다고 해도

쉽게 내주지 않을 가능성도 많습니다. 그렇기 때문에 일단 매집하는 조건과 맞지 않을 것입니다. 세력이 매집하는 조건은 재무의 안정성일까요? 오히려 숨겨진 재료와 그 재료를 숨겨서 터뜨릴 수 있는 능력을 가진 집단이 세력이므로 재료가 중요합니다. 그 재료를 때로는 부풀릴 수도 있고, 언론에 태워서 소문을 낼 능력이 있어야 합니다. 결국 재료를 알고 먼저 들어간다는 이야기입니다. 매집하는 수량을 어느 정도 갖출 능력이 되면 사실 주가 부양을 위한 재료를 스스로 만들어낼 수도 있습니다. 대개 종목이 급등하고 조회 공시가 뜨게 됩니다. 그중에서 가장 좋은 재료는 특별한 사유가 없다는 것입니다. 결국 그런 종목들은 큰 재료를 풀어서 주가 부양을 시키는 데 큰 역할을 하게 됩니다. 결국 숨겨진 재료를 안고 매집하는 것이 제일 좋은 조건이 됩니다.

물론 시장에서 극소수만 알고 있어야 하며 그 비밀이 새어나가서는 안 됩니다. 우리는 주식을 하면서, 아니 살면서 이런 유혹을 받을 때가 있습니다. "이거 내부자 정보인데…", "그 회사 대표이사가 직접 한 이야기를 내가 어디서 들었는데…", "진짜 비밀인데 너만 알고 얼른 매수해…" 등 이런 정보의 9할은 끝물의 주식인 경우가 많습니다. 세상에 공짜는 없고 내 귀에까지 들어오는 정보는 이미 고급이 아닙니다. 그러나 아직도 많은 사람들이 그런 소문에 큰 베팅을 해서 큰 손실을 보는 것을 많이 봐왔습니다. 이것도 결국 세력의 입에서 나와서 세력에 의해서 컨트롤되는 것입니다. 그들은 매집과 동시에 들어 올리는 경우도 많은데, 인맥주로 갑자기 엮이는 경우도 마찬가지입니다. 그러나 내부를 살펴보면 이미 사전 작업이 다 끝나 있었고, 엮이게 되어 있었다는 점이 함정입니다.

2장

수익 낼 준비는
마음가짐만으로 되지 않는다

Pro Trader

01
시작하는 의도와 목적
그리고 상위 1%

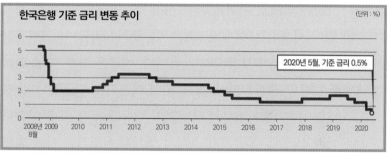

한국은행 기준 금리 변동 추이 (단위 : %)

2020년 5월, 기준 금리 0.5%

2008년 8월, 2009, 2010, 2011, 2012, 2013, 2014, 2015, 2016, 2017, 2018, 2019, 2020

출처 : 한국은행

저금리 시대가 본격적으로 시작되면서 은행에 맡기는 자금들은 더 이상 수익성이 없습니다. 저금리에 주식이 오르는 이유는 다양합니다. 금리는 모든 금융 시장의 시작점이라고 할 수 있습니다. 특히 주식 투자는 저금리 시대에 빛을 보게 됩니다. 예금 상품은 그 돈에 대한 사용대가인 이자를 지급하는 것이고, 주식 투자는 기업 가치에 투자하는 것입니다. 유럽은 이미 마이너스 금리, 미국도 제로 금리 시대를 열고 있고, 우리나라도 1%대 기준 금리가 이미 깨졌습니다. 그러면서 자연스럽게 주식 시장으로 개인자금들이 몰리고 있는 것은 어쩌면 당연한 수순이라고 생각됩니다. 그러나 스스로 책임져야 할 부분이 많은 주식 투자에는 큰 어려움이 있습니다. 손실이 발생되는 바로 '리스크'가 존재하기 때문입니다. 지금부터 주식 투자를 시작하려고 계획하는 분이나 이미 10년을 해온 분 모두 리스크와 계속 싸워야 합니다. 이런 위험성 있는 투자를 하면서 아무 준비 없이 시작한다는 것은 총도 없이 전쟁터에 나가는 것과 다를 바 없습니다.

우리는 무엇인가를 시작하기 전에는 목표를 설정하고 계획을 세웁니다. 그런데 의외로 주식 투자를 시작하는 분들 중 특별한 계획과 준비 없이 시작하는 경우가 많습니다. 주식은 엄연히 위험자산이고 은행처럼 원금이 보장되지 않습니다. 예금은 하루 이상 맡기고 해지해도 원금 손실은커녕 단 몇 푼의 이자라도 지급됩니다. 하지만 주식은 어떤가요? 하루에 60%까지 변동률이 생길 수 있습니다. 하한가에 산 종목이 갑자기 호재가 생겨서 상한가를 가게 되면 -30%가 +30%가 되므로 60% 수익도 가능합니다. 실제로 자주 일어나는 일은 아니지만 저도 경험한 적이 있습니다. 그때는 물론 상하한가가 15% 시절이기는 했습니다. 어떤 종목이 악재가 해소되었다가 다시 장중에 그 악재가 확정되는 바람에 하한가가 풀리는 호가창 매매를 하다가 하한가 매수에서 30분 후 상한가로 매도한 기억이 생생합니다. 다음 종목의 예를 보면 타원에 매우 긴 장대음봉을 볼 수 있습니다.

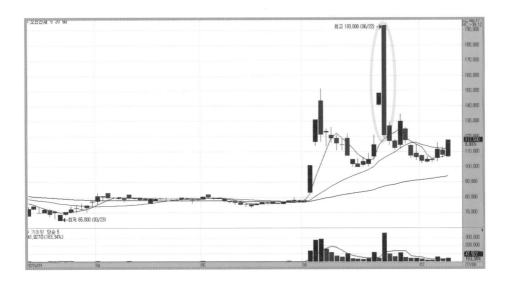

　이렇듯 주식에서는 단 1분 만에 몇 년 치 은행이자 수익을 낼 수 있는 등 변동성이 매우 큽니다. 그런데도 아무 준비를 하지 않는다면 어떻게 될까요? 우리는 은행의 어떤 상품에 투자할 때 약관까지 꼼꼼히 살피게 됩니다. 그러나 주식 매매에서는 의외로 너무 쉽게 시작하고, 너무 크게 시작하는 분들이 매우 많습니다. 많은 분들이, 아니 의외로 대부분이 주식에서 수익을 못 내고 있는 것이 현실입니다.

　사람마다 각자 성향이 있습니다. 주식이 손실 중이면 밤에 잠 못 이루는 분들도 있습니다. 이런 분들에게 장기 투자는 정신적으로 큰 데미지를 줄 수 있습니다. 반면에 어떤 분들은 느긋하게 기다리는 것을 선호하기도 합니다. 이런 분들은 오히려 잦은 매매가 더 힘들고 성가시게 느껴질 것입니다. 개인마다 매수하는 종목의 취향도 많이 차이가 납니다. 어떤 분은 삼성전자 같은 대형 우량주를 선호하고, 좀 가벼운 스몰캡 종목을 선호하는 분도 있습니다. 동전주 같은 흔히 말하는 가벼운 종목만 매매하는 분도 있습니다. 삼성전자로 20% 수익을 내나, 동전주로 20% 수익을 내나 그 수익금은 똑같습니다. 그러나 주식 시장에는 리스크가 크게 존재하므로 그 수익률은 같더라도 안전성에서는 큰 차이가 납니다. 'High Risk, High Return', 리스크를 관리하지 못하면 결국 주식 시장에서 빈손으로 떠나게 될 수 있다는 것을 명심해야 합니다.

결국 실패해서 떠나는 사람도 많지만 또 그만큼 새로 채워지는 게 주식 시장의 생태이기도 합니다. 1년에 수백만 개의 주식 계좌가 신설됩니다. 물론 여기에는 새롭게 주식 시장에 뛰어드는 사람도 있지만 기존 투자자가 서브계좌를 개설하는 경우도 있습니다. 어쨌든 수백만 개의 개인 투자자 계좌 중 수익이 나는 계좌는 얼마나 될까요? 절반은 될까요? 정답은 충격적이게도 5%도 되지 않는다는 것입니다. 그나마 수익을 꾸준히 내는 상위권은 1% 정도밖에 되지 않습니다. 투자자 대부분은 95%의 길을 간다는 의미가 됩니다.

주식 투자를 위해 준비해야 할 것들은 생각보다 많고, 공부해야 할 것도 많습니다. 물론 지금 이 책을 보고 있는 분들은 첫걸음을 성공적으로 내디뎠다고 말씀드리고 싶습니다. 서론이 너무 길었습니다. 이제 우리도 상위 1%가 되는 길을 시작해볼까요? 제 20년 주식 인생에서 얻은 승리할 수 있는 방법을 여러분들에게 하나하나 공개해보려고 합니다.

02
원칙대로 하지 못한다면
차라리 은행으로 가자

저는 항상 원칙을 강조합니다. 저희 신입 VIP회원 중 가끔 제가 제시한 매수가 위에서 사는 분도 있습니다. 왜 그랬냐고 물어보면 "매수가 안 되고 그냥 상승할까 봐"라고 대답합니다. 그럴 때 저는 "그럴 거면 주식하지 마시고, 은행가서 이자가 1프로도 안 되지만 안전하게 소중한 돈 맡기시라"고 합니다. 그 말은 즉, 원칙을 한 번 어기게 되면 두 번이 세 번 되고 결국 원칙이란 말이 무의미하게 된다는 말입니다. 인간의 생활에는 법이 있습니다. 도덕은 법은 아니어서 어긴다고 해서 처벌을 받지 않습니다. 그러나 결국 본인에게 마이너스가 됩니다. 주식에서 원칙은 도덕과도 같은 것입니다. 원칙은 그 누구도 대신 세워줄 수 없습니다. 지키는지 감시하는 사람도 없고, 간섭할 사람도 없습니다. 그만큼 원칙은 깨기 쉽다는 뜻이기도 합니다. 제가 여러분에게 원칙 몇 가지를 제시해보려고 합니다. 물론 지키는 것은 여러분의 의지에 달렸습니다.

첫째, 매수 원칙을 만들자는 것입니다. 매수는 주식 거래의 첫 번째 프로세스입니다. 어느 종목이 상한가를 가고, 하한가를 가고, 이번 달에 70% 올랐다고 해도 매수를 안 하면 본인과 상관없는 종목입니다. 매수를 해야 상한가도 가고 하한가도 가게 되는, 그야말로 시장 참여를 하게 되는 첫 번째 행위가 됩니다. 제가 추천하는 매수 원칙은 분할 매수의 기본을 지키는 것과 매수 전에 한 번 더 생각하자는 것입니다. 분할 매수는 제가 주식 매매에서 제일 강조하는 안전성의 문제입니다. 분할 방법은 2분할, 3분할, 4분할 등으로 나눌 수 있는데, 초보자라면 적어도 3분할 이상은 습관을 들여야 할 것입니다. 나눠서 산다는 것은 결국 단가조절이 개인 매매자에게 얼마나 중요한 것인가를 강조하는 것입니다.

그림에서 보이는 종목의 호가창을 보면 상당히 매혹적입니다. 당장 사야만 할 것 같고, 지금 안 사면 더 오를 것 같습니다. 못 봤으면 상관없지만 본인이 본 이상 안 사고 더 오르면 나중에 후회가 막심할 것 같습니다. 한 번 더 생각해서 매수를 참았다면 어떤 결과가 나왔을까요? 그냥 참지 않고 샀다면 어떤 결과를 맞이하게 되었을까요? 물론 결과론적인 이야기이기는 하지만 흔히 말하는 추격 매수의 끝은 그리 행복하지 않습니다.

첫 번째 그림이 매우 유혹적인 순간을 포착한 호가창이고, 두 번째 그림이 몇 시간 후 그 결과입니다. 물론 급등에서 과감히 매수를 했는데 상한가로 직행하는 좋은 결과를 거뒀을 수도 있을 것입니다. 하지만 상승률 20%를 넘기면 매도 압력이 거칠어지는 비밀이 있다는 것입니다. 나중에 자세히 다루겠지만 호가창은 물론이고 캔들에도 상당히 많은 속임수 현상이 있습니다. 이 책을 끝까지 읽고 나서 이 부분에서 많은 공감을 하게 되기를 기대합니다.

6,460 ▲	1,180	+22.35%	41,758,358	657.35%

증감	6,460	6,450	258,295	73.08%
	34,306	6,550	KOSDAQ	투
	26,434	6,540	5,570 시	거
	20,307	6,530	6,640 고	외
	24,455	6,520	5,540 저	일
	16,827	6,510	5,280 기준	
	35,425	6,500	6,860 상	차
	18,570	6,490	3,700 하	뉴
	26,641	6,480	19 비용	
	3,092	6,470	6,150 예상	권
	40	6,460	296,212 수량	기
6,460	1 ˄	6,450	▲ 870 +16.48%	
6,460	20	6,440	7,283	
6,460	12	6,430	5,590	
6,460	37	6,420	9,326	
6,460	12	6,410	17,331	
6,460	1	6,400	9,621	
6,460	12	6,390	22,614	
6,460	10	6,380	19,970	
6,460	25	6,370	26,907	
6,450	10 ˅	6,360	19,920	
			36,252	
	206,097	10:57:47 시간외	174,814	

6,100 ▲	820	+15.53%	61,021,527	960.59%

증감	6,110	6,100	381,366	106.79%
	34,554	6,200	KOSDAQ	투
	14,683	6,190	5,570 시	거
	10,525	6,180	6,640 고	외
	5,390	6,170	5,540 저	일
	11,214	6,160	5,280 기준	
	17,353	6,150	6,860 상	차
	11,302	6,140	3,700 하	뉴
762	7,154	6,130	18 비용	
	12,745	6,120	6,150 예상	권
	12,083	6,110	296,212 수량	기
6,100	100 ˄	6,100	▲ 870 +16.48%	
6,100	200	6,090	13,728	10
6,100	300	6,080	4,635	
6,100	18	6,070	249	
6,100	18	6,060	4,216	100
6,100	164	6,050	22,632	
6,110	1,443	6,040	19,058	
6,100	82	6,030	22,275	
6,100	10	6,020	33,188	2
6,100	504 ˅	6,010	36,079	
			85,588	
762	137,003	14:49:53 시간외	241,648	88

둘째는 매도의 원칙을 만들자는 것입니다. 어떤 이들은 주식 매매에서 매수보다 중요한 게 매도라고 말합니다. 저는 매수가 더 중요하다는 원칙을 가지고 있는 사람입니다. 하지만 역시 매도의 원칙도 매수만큼 중요한 것이 사실입니다. 매도는 과감할 필요가 있고, 후회 없는 매도는 결코 없지만 얼마나 그것을 스스로 정당화하느냐가 관건입니다. 제가 방송에서 자주하는 말이 있습니다. "매수는 정승처럼, 매도는 짐승처럼!" 일단 매수 원칙과 매도 원칙은 여러분들의 주식 인생의 모든 것이나 다름없는 중요한 요소임을 다시 한 번 강조합니다.

03
모르면 지키지
못한다는 진실

살면서 '알고 맞으면 덜 아프다'는 말을 들어본 적 있을 것입니다. 또한 '모르는 게 약이다'라는 말도 있습니다. 세상일은 어떨 때는 모르고 지나가는 게 좋을 때도 있고, 반드시 짚고 넘어가야 하는 일도 많습니다. 주식에서도 가끔은 심플하게 생각해서 더 좋을 때가 있습니다. 그러나 초보자는 배우는 단계에서 꼼꼼하게 짚고 넘어가야 할 필요가 있습니다. 주식 매매는 돈을 걸고 하기 때문에 당하면 그 억울함이 매우 크게 느껴집니다. 실제로 개인의 금전적인 손실이 발생하기 때문입니다.

생각보다 많은 분들이 주식 매매를 하면서 기초를 닦고 준비하는 과정을 소홀히 하고 있습니다. 주식은 일단 흥분해서 시작하면 다 물거품이 됩니다. 주식 시장으로 발걸음 할 때, '은행이자보다 몇 배는 낫겠지' 하고 오는 분들이 대부분입니다. 그러나 막상 주식 시장에 들어오면 생각이 바뀝니다. 왜냐하면 이 바닥은 엄청난 과장광고가 특히 많은 곳이기 때문입니다. 결국 그런 것들이 시장 참여자의 눈높이와 욕심을 크게 키우게 됩니다. '무슨 어디 알바생이 10억 원을 벌었다더라', '누가 어떤 종목으로 2,000% 수익으로 집을 샀다더라' 하는 거짓 광고들이 시장 참여자들을 유혹합니다. 물론 주식판에서 산전수전 겪은 분들이야 그런 광고에 비웃음으로 대응하겠지만, 초보자는 현혹되기 쉽습니다. 문제는 스스로 배우지 않으면 아무도 가르쳐주지 않는다는 게 현실입니다. 은행의 예금은 그다지 공부할 것이 없습니다. 그저 은행에 가서 약관이나 보고 사인하면 됩니다. 그마저도 요즘 예금, 적금은 다 인터넷뱅킹이나, 스마트폰뱅킹으로 처리합니다. 그러나 주식은 계좌를 만들면 매수, 매도하는 법이나, 종목 선정 방법, 차트를 보는 방법 등 주식 매매

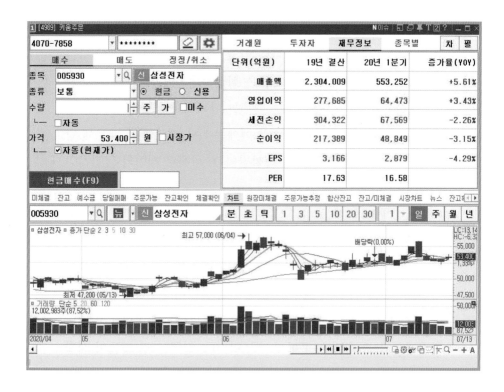

나도 이제 주식 프로트레이더

에 관한 그 어떠한 것도 알려주지 않습니다. 다 알아서 해야 한다는 것입니다. 결국 스스로 살아남는 법을 배워야 하고, 그 이치를 모르면 자기 자신을 절대 지켜낼 수 없습니다.

이 작은 화면으로 시작하는 주식 인생이 앞으로 여러분을 울게도, 때로는 웃게도 할 것입니다. 때로는 남들이 팔 때 매수하기도 하고, 남들이 살 때 매도하기도 할 것입니다. 그러면서도 자신이 거꾸로 하고 있다는 것을 모를 때가 초반에는 더 많을 것입니다. 어떻게 하면 그 잘못된 판단에서 빠져나오는 시간을 단축하느냐가 관건입니다. 그 시간을 단축시키는 것이 제가 이 책을 쓰게 된 주된 이유입니다.

주식은 수익을 내는 것에 앞서 가장 중요한 것이 내 자산을 지켜내는 것입니다. 주식은 매수하는 순간 바로 손실이고, 만약 매수하지 않으면 본전입니다. 종목의 특성도 모르고, 현재 시장의 특성도 모르고 매수하면 결국 손실이 더 커질 확률은 높아만 갑니다. 주식 매매를 시작하면서 잘 알아야 할 것은 역시 시장과 제가 늘 강조하는 그림 맞추는 방법입니다. 어떤 종목은 아무리 설명해도 그 상승의 이유를 이해할 수 없습니다. 또 어떤 종목은 아무리 이해하려고 해도 그 하락의 원인이 없습니다. 주식 시장에는 이렇듯 말로 표현하지 못하고 그림으로만 이해되는 사례가 상당히 많다는 사실을 미리 알고 시작해야 합니다.

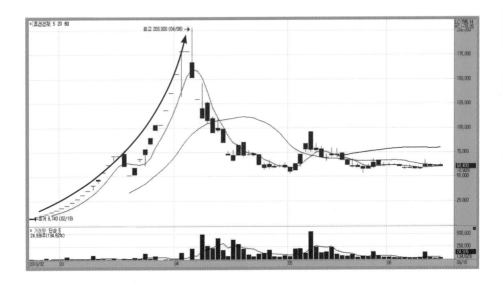

최강주와 차트를
똑같이 맞춰봅시다

주식을 하면서 가장 많이 보는 것은 차트입니다. 호가창, 재무제표, 거래원 등도 주식 메뉴에서 많이 보는 화면이지만 차트를 제일 많이 본다는 것은 부정할 수 없는 사실입니다. 초보투자자일수록 처음에는 단순하게, 그리고 점점 복잡하게 이평선과 보조지표를 설정합니다. 그러다가 어느 정도 경지에 다다르게 되면 오히려 심플하게 보게 됩니다. 많은 이평선과 보조지표는 오히려 방해가 될 때도 있습니다. 하지만 초보 때는 많은 이평선과 보조지표로 여러 가지 경우를 접해보는 것이 좋다고 생각합니다. 다음은 제가 방송이나 강의를 할 때 쓰는 기본 차트입니다.

    각각의 특징은 차후에 자세히 이해될 것입니다. 먼저 이평선은 5,
10, 20, 44, 60, 12, 200, 300, 고가단순 20선, 볼린저 상한선, 일목균
형표, MACD 오실레이터(Oscillator)가 장착되어 있습니다. 상당히
복잡해 보이나 오히려 처음 시작할 때는 여러 가지 경우의 수를 많
이 접해보는 것이 좋은 습관입니다. 저는 개인매매를 할 때는 상당
히 심플하게 하는 편인데, 이렇게 보면 정보가 부족하지 않느냐고
사람들이 물을 정도로 간단하게 설정합니다. 제가 주식에 입문하는
분들에게 추천하는 방법은 많은 이평선과 보조지표를 일단 활용하
라는 것입니다. 제 차트와 똑같이 설정하려고 문의하는 분들이 많
은데, 많이 궁금해하는 분들에게 공유하는 편입니다. 공유하지 않
아도 제 방송을 보면서 비슷하게 맞추시는 분들을 꽤 많이 봐왔습
니다. 앞서 본 제 강의용 차트는 중요 이평선과 일목균형표 그리고
MACD 오실레이터를 추가하면서 각종 제 기법과 후행성, 선행성

지표를 함께 비교하는 데 손색이 없는 차트입니다. 특히 초보자는 앞의 설정대로 저와 함께 차트를 똑같이 맞추는 것도 많은 도움이 될 것입니다. 이 책을 통해 제 노하우와 기법들을 하나하나 전수받는 데는 앞의 차트 설정 하나면 충분합니다. 나중에 추가될 부분은 따로 설명하겠습니다. 이 책을 마스터 하고 자신과 맞는 이평선과 보조지표만 남기면 다음과 같이 심플한 차트로 탈바꿈하게 될 것이고, 그때 여러분은 프로트레이더에 한걸음 더 다가서게 될 것입니다. 다음 차트는 선도 몇 개 없지만 눈으로 그림을 다 그린 차트입니다. 과연 무엇이 보일까요?

05
복잡한 재무제표,
딱 이것만 보자

주식 매매를 하다보면 이런 말을 많이 듣습니다. '실적은 가장 큰 재료다.' 맞습니다. 실적이 좋은 기업은 지금 당장 시장의 관심을 받지 못한다고 해도 결국에는 좋은 흐름을 보여주게 됩니다. 기업은 결국 이윤 추구를 위한 집단이고 그것이 주된 목표입니다. 주가라는 것도 결국 그 기업의 가치를 말해주는 수치이니, 실적이 좋은 기업은 주가가 높은 것이 이치에 맞는 이야기일 것입니다. 그러나 가끔 재무제표를 보고 놀라는 경우가 많습니다. 다음의 재무제표를 한번 볼까요?

IFRS(별도)	Annual				Net Quarter			
	2017/12	2018/12	2019/12	2020/12(E)	2019/09	2019/12	2020/03	2020/06(E)
매출액	149	133	110		24	29	18	
영업이익	-10	-50	-40		-3	-1	-13	
영업이익(발표기준)	-10	-50	-40		-3	-1	-13	
당기순이익	-53	-118	-359		-22	-74	-79	
자산총계	188	494	473		451	473	194	
부채총계	89	290	439		552	439	224	
자본총계	99	204	34		-100	34	-30	
자본금	16	20	31		24	31	32	
부채비율	89.27	141.67	1,295.61		완전잠식	1,295.61	완전잠식	
유보율	650.66	1,036.99	68.77		N/A	68.77	N/A	
영업이익률	-6.39	-37.31	-35.94		-14.08	-4.49	-71.82	
순이익률	-35.61	-88.93	-325.62		-93.96	-255.06	-437.41	
ROA	-24.01	-34.72	-74.35		-20.43	-64.07	-94.44	
ROE	-44.04	-77.95	-301.73		완전잠식	완전잠식	-17,726.43	
EPS (원)	-342	-738	-1,543		-98	-295	-239	
BPS (원)	751	1,171	161		-328	161	-36	
DPS (원)								
PER	N/A	N/A	N/A					
PBR	2.80	4.74	6.88		N/A	6.88	N/A	

누가 봐도 위험한 기업이 확실합니다. 이 종목은 관리종목이고 앞으로 퇴출 가능성이 있는 회사입니다. 반면에 다음의 A급 재무제표를 보고, 노란 표시한 부분을 주목해주기를 바랍니다.

IFRS(연결)	Annual				Net Quarter			
	2017/12	2018/12	2019/12	2020/12(E)	2019/09	2019/12	2020/03	2020/06(E)
매출액	1,195	1,356	1,450		374	401	350	
영업이익	160	158	243		63	96	49	
영업이익(발표기준)	160	158	243		63	96	49	
당기순이익	62	106	51		23	9	14	
지배주주순이익	59	104	50		23	10	13	
비지배주주순이익	3	2	1		1	0	0	
자산총계	5,413	5,524	7,100		7,177	7,100	7,099	
부채총계	2,373	2,476	4,030		4,111	4,030	4,037	

자본총계	3,040	3,049	3,070		3,067	3,070	3,062
지배주주지분	3,022	3,029	3,052		3,049	3,052	3,045
비지배주주지분	17	19	18		18	18	18
자본금	66	66	66		66	66	66
부채비율	78.08	81.20	131.25		134.04	131.25	131.81
유보율	4,492.05	4,600.72	4,635.84		4,630.15	4,635.84	4,627.24
영업이익률	13.40	11.62	16.73		16.94	23.94	13.93
지배주주순이익률	4.95	7.63	3.45		6.11	2.48	3.82
ROA	1.16	1.93	0.81		1.30	0.53	0.78
ROE	1.97	3.42	1.65		3.01	1.30	1.75
EPS (원)	897	1,569	758		346	150	202
BPS (원)	45,920	47,007	47,358		47,302	47,358	47,272
DPS (원)	350	400	350			350	
PER	20.80	10.84	21.90				
PBR	0.41	0.36	0.35		0.33	0.35	0.28

이 기업은 저평가된 기업이라고 할 수 있습니다. 쉽게 이야기해서 당장 이 회사를 처분하면 1주당 47,000원의 가치를 가진 기업인데, 현재 주가는 15,000원대에 있습니다. 복잡한 재무제표를 다 외울 필요가 없습니다. ROA, ROE 같은 공식, 부채가 어떻다는 등 이런 것을 언제 다 외우겠습니까? 우리는 간단하게 중요한 것만 보겠습니다.

A급 재무제표는 안정적인 매출이 좋고, 더욱 좋은 것은 매출과 영업이익이 매년 증가하는 것입니다. 이는 성장성을 말해주는 것입니다. 다음 노란색으로 표시한 부채 비율은 200%가 넘지 않으면 양호합니다. 가끔 10% 미만도 있습니다. 유보율은 그야말로 그 기업이 얼마나 자금을 가지고 있는지를 알 수 있는 지표입니다. 보통 800% 이상이면 좋은데, 이 기업은 4,600%가 넘습니다. 아래쪽 기업 청산가치 BPS를 보고 PBR이 1.0 미만이면 저평가라고 합니다.

0.5 미만의 주식들은 대부분 거래량이 부족해서 올라가지 못하는 경우가 많습니다. 그러나 결국 제자리를 찾아가는 데는 큰 어려움이 없습니다. 단기 매매나 단타 매매에서는 재무제표가 필요 없습니다. 그냥 짧은 흐름만 대응하면 되기 때문입니다. 그러나 가치 투자를 하기 위해서는 재무제표가 매우 중요한 요소입니다. 물론 주식은 선행성 지표라 현재보다는 미래의 재료가 가장 중요하지만 현재의 안정적인 재무가 미래를 꿈꾸게 해주는 것입니다. 복잡한 재무제표를 보다가 주식 공부에 지치지 말고, 제가 강조하는 부분만 체크해도 크게 문제가 없습니다.

06
주식은 에너지의
흐름만 알면 이긴다

　주식은 싸게 사서 비싸게 파는 이익 구조를 기초로 합니다. 누군가 사는 끌어올리는 힘과, 누군가 파는 끌어내리는 힘의 싸움이라고 보면 정답일 것입니다. 이처럼 매수 에너지가 강할 때 주가는 상승하고, 매도 에너지가 강할 때 주가는 하락하게 됩니다. 주식은 결국 에너지의 크기와 시간을 공부하는 일종의 수학이기도 하고, 물리학적인 요소도 가미되어 있습니다. 그렇다고 미리 머리 아파할 필요는 없습니다. 제가 그것을 쉽게 풀어드리겠습니다. 주식은 쉽게 가격이라는 y축과 시간이라는 x축으로 구성되어 있습니다. 입체적으로 z축이 있다면 그것은 에너지의 크기를 가늠하는 중요한 요소인 거래량입니다.

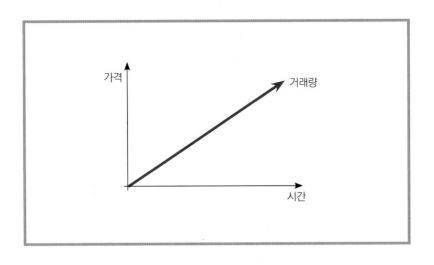

보통 주식은 가격만을 에너지로 볼 수도 있지만, 절대 그렇지 않습니다. 시간이 지속되고 y축인 가격이 증가하면 더 탄탄한 힘을 가지며 상승하는 경우가 많습니다. 그 이유는 나중에 매물대하고도 관련이 있고 매집과도 관련이 있습니다. 에너지의 흐름이 곧 주가의 흐름이 되는데, 상승 에너지만 계속되는 게 아니고 하락 에너지와 섞여서 마치 시너지 효과 같은 힘을 발휘하기도 합니다. 그리고 하락 에너지나 상승 에너지 같은 크기의 힘을 가늠하는 것은 z축인 거래량입니다. '캔들은 속여도 거래량은 속일 수 없다'는 말처럼 거래량은 마치 모래에 찍히는 발자국 같은 결정적인 증거가 됩니다. 거래량이 많이 발생한 경우는 그날 가격 변동이 심했다는 의미도 됩니다. 즉 당일 y축의 길이가 길면 상승이건 하락이건 거래량은 많아집니다. 그러나 일반적으로 가장 거래가 많을 때는 윗꼬리가 긴 캔들, 즉 상승 에너지 중에서 하락 에너지로 전환될 때 에너지가 폭발하는 경우라고 볼 수 있습니다.

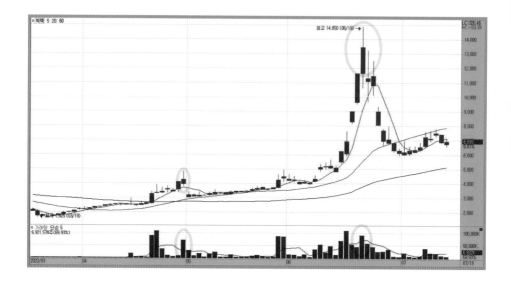

　차트에서처럼 윗꼬리가 생기는 지역에서는 거래량이 급증함을 알 수 있습니다. 이는 결국 가격대 매물의 싸움이 치열했다라고 볼 수 있습니다. 그만큼 상승 에너지가 지속되지 못하고 하락 에너지로 전환되면서 치열한 싸움이 일어난 것입니다. 주식은 오전장 시작에서 제일 치열하지만 오후장이 되고 폐장 1시간 정도 남으면 추가 상승을 못한 데 대한 실망 매물이 나오게 됩니다. 이것이 심리적인 하락 에너지 추가 발생을 일으키게 되는 것 입니다.

　반면, 추가 하락 에너지는 그렇게 크게 가중되지 않습니다. 다음 차트를 보면 이해가 더욱더 쉬울 것입니다.

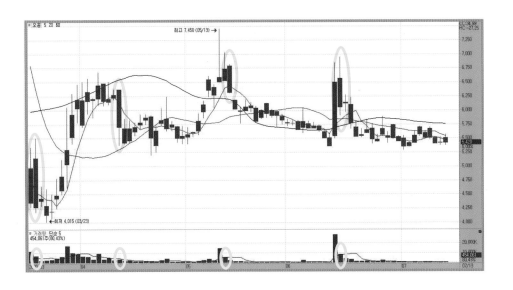

　표시한 날은 하락폭이 크고 가격 변동폭도 제법 크지만 그에 비해 대량 거래가 나오지 않았음을 잘 알 수 있습니다. 나중에 세력의 에너지 크기 분석에서 자세히 거래량에 대한 이야기를 다루겠지만, 매도 에너지인 하락 거래량은 상승 에너지와는 또 다른 차원의 분석이 필요합니다. 이와 같이 상승 에너지와 하락 에너지 흐름만 정확히 알면 주식에서 밝은 앞길이 보인다는 희망적인 말씀을 드리고 싶습니다.

07
매수·매도
심리

주식에서 거래가 성립되려면 팔려는 사람과 사려는 사람이 의견이 맞아야 합니다. 시장이 시작되고 주식을 사려는 사람이 아무도 없고 팔려고 하는 사람이 줄을 선다면 하한가로 직행하게 됩니다. 반대로 팔려는 사람이 없고 사려고 하는 사람이 줄을 선다면 상한가로 직행하게 됩니다. 만약 다음과 같이 종가가 어제 종가로 끝난 보합으로 시장을 마치게 되었다면 어떤 상태일까요? 그것은 바로 균형이라고 말할 수 있습니다. 즉 그날 사려는 사람과 팔려고 하는 사람들의 의견이 결국 어제 종가인 원상태로 돌아오게 되었다는 것입니다. 그 누구도 승리하지는 못했지만 주식에는 시가라는 게 있습니다. 시가 아래로 끝나면 음봉이기 때문에 다음의 종목은 엄격히 말하자면 매도 심리가 조금 강했다고 볼 수 있겠습니다.

5,420	0	0%	454,061	80.43%
증감	5,420	5,410	2,477	2.68%
	3,017	5,510	KOSDAQ	투
	3,804	5,500	5,510 시	거
	2,779	5,490	5,570 고	외
	835	5,480	5,380 저	일
	663	5,470	5,420 기준	차
	387	5,460	7,040 상	뉴
	2,314	5,450	3,800 하	권
	1,262	5,440	16 비용	기
	4,159	5,430	5,420 예상	
	5,222	5,420	1,458 수량	
		0%		
5,420	300 ^	5,410	1,201	
5,420	10	5,400	12,270	
5,420	10	5,390	10,179	
5,420	10	5,380	35,927	
5,420	10	5,370	15,306	
5,420	10	5,360	5,361	
5,420	3	5,350	7,937	
5,420	1	5,340	1,609	
5,420	1	5,330	3,561	
5,420	1 v	5,320	4,396	
	24,442	16:00:00	97,747	
	1,096	시간외		

이렇게 매수와 매도는 심리적으로 분석할 수 있습니다. 고점에서 매수하려는 사람은 추가 상승에 대한 기대 심리를 가집니다. 반면에 매도하려는 사람은 추가 상승에 부정적인 견해를 보이며 더 이상 추가 상승을 기대하지 않는 심리를 가집니다. 매수와 매도 심리를 가장 잘 아는 사람은 누구일까요? 바로 차트를 만드는 세력입니다. 그들은 주식 실력의 최강자라기보다 오히려 심리전의 최고자라고 말해도 과언이 아닐 것입니다. 다음 예시를 통해 세 가지 심리를 분석해보겠습니다.

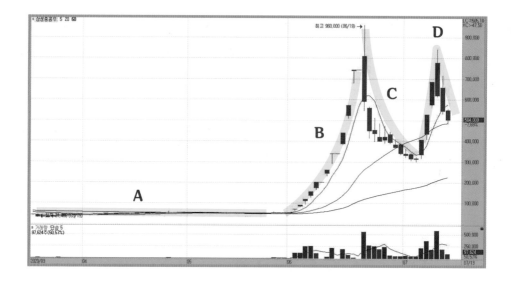

먼저 A구간은 지루하면서 불안해지는 심리구간입니다. 처음에
시간이 지나고 가격 변동이 없으면 지루하지만, 시간이 더 지나
면 하락에 대한 불안감이 생깁니다. B구간은 사실상 개인 매매자
가 매수할 기회가 별로 없고 매수 심리가 극에 다다르면서 나중에
는 못 살 것 같은 불안 심리를 보입니다. 그 이유는 이미 이 차트를
봤기 때문에 못 사면 참여하지 못했다는 소외감을 느끼게 되기 때
문입니다.

C구간의 첫 음봉에서는 그리 겁이 안 날 수 있습니다. 왜냐하면
앞에서 크게 상승한 것을 봤기 때문에 기대 심리가 앞서게 되는 것
입니다. 그러나 둘째 날 음봉에서는 많은 매도 심리가 더해집니다.
시가가 상승하지 못했고, 전일 장대음봉에 대한 회복력을 보이지
못해 매도 심리가 더 크게 나왔습니다. 기대가 공포로 바뀌면서 매
도 심리가 증가되었기 때문입니다. D구간은 쌍고점을 만드는 과정

으로 되돌림이 나오는 희망적인 심리를 갖게 하지만, 세력 입장에서는 처분하지 못한 물량을 처리하는 구간입니다. 즉, 개인에게 다시 오른다는 매수 심리를 크게 뿌려대는 치명적인 자리이기도 합니다. 이렇게 차트를 만들어가는 구간에서 매수 심리와 매도 심리는 따로 자리를 잡기도 하고 섞여서 큰 흐름을 만들기도 합니다.

08
쫓아갈 것인가,
기다릴 것인가

　개인 매매자들은 항상 급한 경향이 있습니다. 소위 추격 매수를 하는 경우가 많은데, 그 이유는 여러 가지가 있습니다. 일단 개인 매매자들은 자금의 여유가 그리 많지 않고, 시간적인 여유도 많지 않습니다. 그래서 기회비용이라는 말을 많이 씁니다. 그러나 주가를 만지는 세력은 그렇게 시간의 구애를 받지 않습니다. 그들은 항상 적절한 때를 노리고 기다리다가 때가 오면 맹수로 돌변합니다. 그때는 사정없이 개인들을 물고 흔듭니다. 우리는 맹수 타임에 매수를 할 건지, 아니면 미리 매수를 해서 맹수 타임을 맞이하는 것을 기다릴 것인지 결정해야 합니다. 결국 추격 매수와 선취매에 대한 선택인 것입니다.

　흔히 개인 매매자들은 기회비용을 따지면서 추격 매수를 선호하게 됩니다. 추격 매수는 그야말로 상승을 확인하고 그 흐름에 따라가는 매매입니다. 선취매는 상승을 예상하고 미리 매수하는 것입니다. 가장 적절한 타이밍은 언제일까요? 바로 상승을 확인하고 눌림을 따라 들어가는 방법이 가장 효과적입니다. '러닝컬렉션(Running Collection)'이라는 단어를 기억해야 합니다. 러닝컬렉션은 1차 상승이 마무리되고 거래량을 줄이며 조정을 거치고 다시 상승하는 과정을 말합니다.

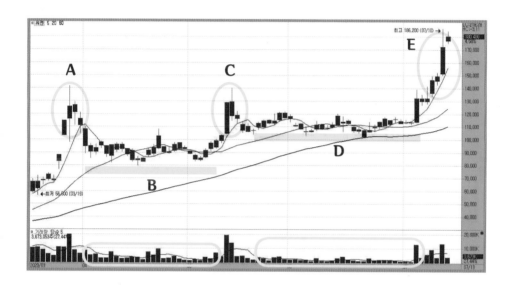

A는 그야말로 추격 매수의 향연이 되겠습니다. 그 구간에 매수를 하면 하락을 맞이하며 마음을 졸이고 있거나 손절할 수밖에 없게 됩니다. A구간 고점에서 B구간 저점이 무려 손실률이 40%가 넘기 때문입니다. 그러나 A구간을 확인하고 눌림을 기다리는 B자리 매수는 효과적입니다. 일단 저가에 매수할 수 있고 거래량 변동폭이 적은 비교적 안정적인 자리에서 분할 매수를 수행할 수 있습니다. 역시 거래량도 줄어든 것을 볼 수 있습니다. 그리고 C구간 새로운 파동을 맞이하며 수익 실현의 기회를 맞이하게 되는데, 이전

고점 A를 돌파하지 못하면 일단 매도하는 게 상책일 것입니다. 그리고 여기서 끝내지 않고 D구간을 볼 수 있는데 역시 거래가 줄어들면서 변동폭이 없고, 추가 상승을 모색할 수 있는 구간이기도 합니다. 그러나 그 길이가 너무 길어진다면 조심할 필요는 있습니다.

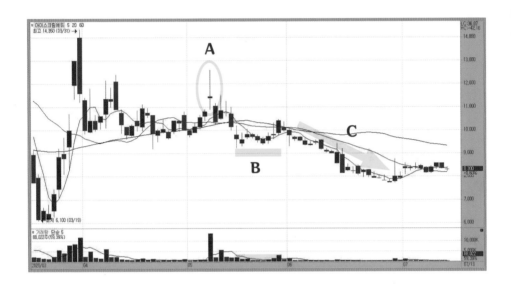

차트처럼 A파동을 잘못 판단하고 B에서 매수하고, 추가 하락인 C를 맞이하는 경우도 있습니다. 이는 단순히 거래량과 상승을 보고 A를 파동으로 착각한 경우입니다. 실제로 이런 파동을 미달 파동이라고 합니다. 이 경우 윗꼬리는 함정이었고 지나친 거래량이 발생되었다는 것은 더 큰 함정이었습니다. 앞으로 이런 패턴은 이 책을 다 읽어나간다면 절대로 당하지 않는 패턴이 될 것입니다.

09
뉴스 해석 능력이
수익률을 좌우한다

주식 매매에서 뉴스는 실과 바늘 같은 존재입니다. 주식에서 호재와 악재라는 단어를 아주 많이 듣게 됩니다. 실적 호조, 계약 체결 등은 큰 호재가 되겠지만, 계약 해지, 실적 악화, 대주주 매도 등은 악재라고 취급됩니다. 그러나 뉴스를 해석할 때 매우 신중해야 하는 것이 있습니다. 주식은 선행성 지표이기 때문입니다. 즉, 오히려 호재가 나오면 주가가 크게 빠지는 경우가 있고, 악재가 나왔는데도 주가는 상승하는 경우가 있습니다. 예시 하나를 보겠습니다.

○전체 ◉	005930	▼Q 신 삼성전자	검색 8조	▼ 2020/07/13	그룹선택	▼ 조회	다음
2020/07/07	09:32:31	삼성전자, 2분기 영업이익 8조1000억…전년比 22%↑			삼성전자	이데일리	
2020/07/07	09:29:04	삼성전자, 2분기 영업익 8조 1000억원…코로나19 속 '깜짝 실적'			삼성전자	인포스탁	
2020/07/07	09:27:02	삼성전자, 2분기 애플 덕 '깜짝실적'…잠정 영업익 8조1000억원(종합)			삼성전자	인포스탁	
2020/07/07	09:26:45	증권사 1곳도 예상못한 '깜짝' 실적…삼성전자 영업이익 8.1조			삼성전자	머니투데	
2020/07/07	09:19:50	삼성전자 2분기 영업이익 8조1천억원 … '어닝서프라이즈'(종합)			삼성전자	연합뉴스	
2020/07/07	09:15:45	코로나에도 어닝서프라이즈…삼성전자, 영업익 8조원 돌파			삼성전자	매일경제	
2020/07/07	09:13:27	삼성전자 2분기 깜짝 실적…영업이익 8.1조			삼성전자	매일경제	

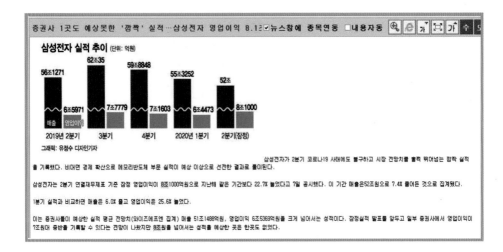

삼성전자의 2분기 실적이 어닝서프라이즈가 나왔습니다. 당시 증권사는 6조 5,000억 원 정도의 실적을 예상했는데, 무려 1조 6,000억 원이 초과된 실적이 발표되었습니다. 일단 시초가 상승갭 은 당연한 것이고 폭등을 했겠죠? 이제 그날 결과물을 보겠습니다.

시초가 상승으로 시작한 삼성전자는 결국 -3%로 마감했습니다. 그날 아침 저는 '오늘 아마 삼성전자는 하락으로 마감할 것이다'라고 미리 말했지만, 기어코 시초가에 매수하는 분들을 많이 발견한 쓸쓸한 하루였습니다. 증시에서 뉴스는 수급의 기폭제 같은 역할을 합니다. 삼성전자의 깜짝 실적은 결국 안도감을 가져왔지만 반면에 다음 분기에는 더 못하지 않을까 하는 우려감을 동시에 불러옵니다. 그리고 결국 선반영되었다는 핑계로 개인들에게 답변해줍니다. 다음 사례를 보겠습니다.

2020/05/07	08:20:50	LG전자, 코로나19 여파로 2분기 실적부진 예상..목표가↓-한화	LG전자
2020/05/06	17:52:41	특허만 1천개 `스팀기술`…LG전자 실적반등 이끈다	LG전자
2020/05/06	09:20:00	생활용품, 인테리어…1분기 호실적에 '꿈틀'	LG전자
2020/05/04	14:40:24	[리포트 브리핑]LG전자, '실적 저점 통과 중' 목표가 90,000원 - 키움증	LG전자
2020/05/04	14:00:46	[리포트 브리핑]LG전자, '2020 실적 쇼크 vs PBR 0.6배' 목표가 65,000	LG전자
2020/05/04	08:42:26	"LG전자, 실적 부진 불가피..경쟁력 강화될 것"-미래에셋대우	LG전자
2020/05/03	09:10:00	'2분기 실적둔화 불가피' 전자업계 하반기에 쏠리는 눈	LG전자

2020/06/24	08:59:39	LG, 주요 자회사 실적에 힘입어 2Q 이익 증대 전망-SK	LG전자
2020/06/18	14:22:37	LG전자, 코로나 뚫고 2Q 실적 '선방' 전망	LG전자
2020/06/17	07:57:04	LG전자, 가전·TV 실적개선 전망-대신증권	LG전자
2020/06/14	11:00:00	파랗게 질린 2분기 산업계 실적…'코로나 공포' 지금부터	LG전자
2020/06/11	08:19:50	LG전자, 하반기부터 실적 회복 기대…목표가↑-유진	LG전자
2020/06/10	08:26:54	"LG전자, 2분기 실적 기대 이상"-IBK투자증권	LG전자
2020/06/10	08:10:15	LG전자, 기대 이상 2Q 실적 예상…목표가↑-IBK투자	LG전자

불과 한 달 반 사이에 같은 사람이 쓴 것인지 의심스러운 전혀 다른 뉴스입니다. 5월 초에는 2분기 실적 부진 예상, 목표가 하향 등의 악재를 쏟아냅니다. 그러나 6월 중순이 되면서 갑자기 기대 이상의 2분기 실적 예상 등 호재를 쏟아냅니다. 주가는 5, 6, 7월에 어떻게 변했을까요?

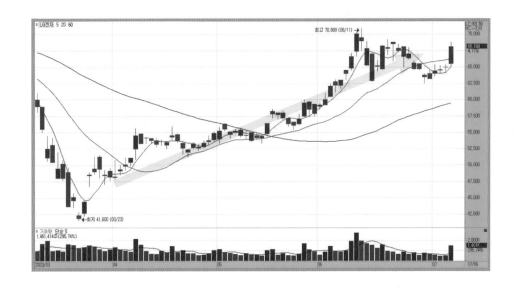

　　기대가 없었다가 기대가 생겼을 때 주가는 그만큼 기대감이 반영
이 됩니다. 결국 악성 리포트에서는 큰 손들은 매수를 했다는 증거
가 됩니다. 악재를 이용해 물량을 받아내고 그들은 매수를 해 주가
를 올리고 이제 호재를 쏟아냅니다. 그렇다면 언론에서 거짓말을
한 것일까요? 뉴스를 잘 보면 모두 목표가는 내리지만 매수 의견을
유지합니다. 그리고 말끝에는 항상 전망한다, 예상한다 등 확실한
표현을 절대 쓰지 않습니다. 이것이 바로 돈이 오가는 이 치열한 주
식 투자 세계에서 그들이 군림하는 이유가 됩니다. 이제 여러분들
은 뉴스에 대한 해석 능력이 상승했습니다. 결국 그들의 입장에서
뉴스를 해석하면 된다는 결론입니다.

10
글로벌 시장을 읽어야 승리한다

금융 시장은 하나로 연결되어 있는 시장이라고 해도 과언이 아닐 것입니다. 금융 시장은 돈과 금리로부터 시작합니다. 돈이 만들어지면서 금융기관들을 거치고 이자가 더해지면서 해외로 넘나들게 됩니다. 주식 시장도 우리보다 규모가 큰 미국, 중국, 유럽, 일본 등을 거쳐서 자연스럽게 우리나라까지 영향을 미칩니다. 특히 우리나라 증시는 해외 자본 의존도가 높은 편입니다. 캐리트레이드라고 들어보셨을 것입니다. 캐리트레이드는 보통 저금리 국가에서 고금리 국가에 투자되는 트레이드입니다. 즉, 선진국 금리가 낮고 신흥국 금리가 높아서 자금이 선진국에서 신흥국으로 투자되는 방식입니다. 최근에는 중국 자금도 크게 증가하는 추세입니다. 그러나 외국 자본도 사정에 따라, 금리 변동에 따라 많은 변화가 있습니다. 실제로 캐리 자금이 글로벌 자금의 주력입니다. 우리는 지수를 보면서 혹은 종목을 보면서 거래원에 대한 정보를 중요하게 보게 됩니다. 다음 예시를 보겠습니다.

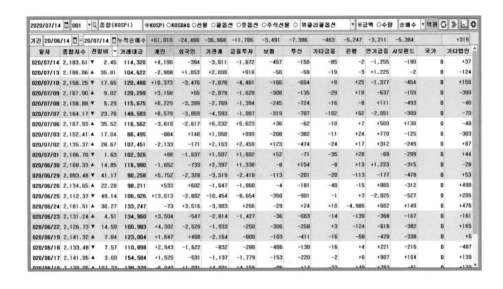

　　우리가 지수를 체크하면서 많이 보는 투자자별 매매 동향입니다. 외인의 매수세와 기관의 매수세를 가늠해볼 수 있는 데이터가 됩니다. 우리 시장의 외인 의존도가 높은 만큼 외인의 순매수가 수급에 큰 영향력을 차지하게 됩니다. 기관도 각각의 성향을 가지고 있고, 특히 연기금은 구원투수 역할을 할 때가 많습니다. 외인은 주로 대형주를 프로그램 매수를 통해 크게 담아가는 특성이 있고, 연속성을 가지고 매수할 때가 많습니다. 글로벌 증시에 분배율도 있어서 그 분배율이 조정될 때도 있습니다. 주식 투자자들은 'MSCI 리밸런싱'이라는 말을 많이 들어봤을 것입니다. MSCI(모건스탠리캐피털인터내셔널)는 모건스탠리에서 발표하는 글로벌 지수입니다. 이 지수를 기초로 각국의 비중을 다시 편입하고는 합니다. 우리나라는 신흥국으로 편입되어 있습니다. 조금 아쉬운 면이 있고, 특히 리밸런싱이 시작되면 순매도가 연속적으로 발생해 지수가 흔들리는 경우

도 종종 있습니다. 외인들의 수급은 환율에도 민감함을 보이기 때문에 환율도 고려해야 하고 세계 시총 1위인 미국 시장에도 큰 영향을 받습니다. 게다가 우리나라는 무역의존도 1위인 중국 시장과도 매우 밀접한 관계를 가지고 있습니다. 중국의 경기부진이나 지표부진은 곧바로 우리시장에 영향을 끼치게 됩니다. 중국 증시가 시작하는 10시 30분에 변동성이 커지는 것도 그런 이유입니다. 이렇듯 세계 경제가 서로 복잡하게 얽혀있듯이 증시도 마찬가지입니다. 보통 보합일 경우는 다르지만 미국 증시가 폭락하면서 유럽 증시가 밤사이 함께 폭락하고, 익일 시작되는 우리나라의 증시, 일본 증시 그리고 이어서 중화권의 증시가 함께 영향을 받게 됩니다.

미국의 한 산업섹터가 움직이면 우리시장도 같이 영향을 받습니다. 예를 들면 애플이나 테슬라의 움직임이 우리시장에도 큰 영향을 끼칩니다. 이제 해외 증시 지수는 물론이고, 굵직한 종목들도 체크하는 것은 주식인의 기본이 되었습니다.

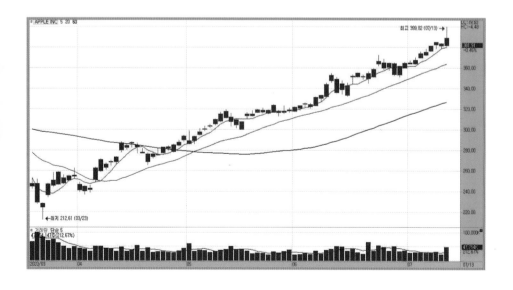

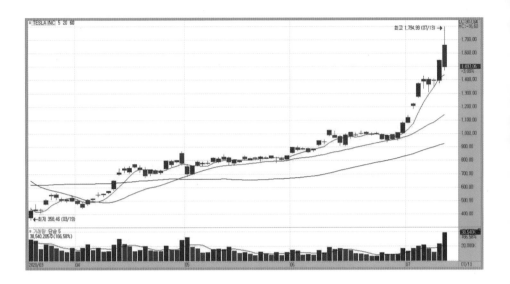

11
주식은 결국
추세와 파동이다

제가 주식을 오래하다 보니 당연히 차트를 많이 들여다보게 되고 경험도 많이 축적되었습니다. 그러다 어느 순간 모든 패턴들이 머릿속에 들어와 여러 조합들을 뽑아내기 시작했습니다. 그때 느꼈던 주식에서의 패턴이 결국 몇 개로 압축된다는 것을 깨달았습니다. '추세와 파동', 이 두 가지면 주식의 80% 이상을 정복했다고 해도 과언이 아닐 것입니다. 우리가 가위바위보를 하게 되면 비길 확률을 제외하면 승률이 50%입니다. 지금 만약 1승을 거두었다면 다음 가위바위보에서 이길 확률 역시 50%입니다. 그러나 주식은 오늘 상승하고 내일 하락할 확률이 50%이지만, 3일간 상승하면 내일 하락할 확률은 40% 이하로 줄어듭니다. 그것은 바로 추세 때문입니다. 주가는 상승하면 계속 상승하려는 힘을 가지고, 하락하면 계속 하락하려는 힘을 보입니다. 이것을 우리는 추세라고 부릅니다. 추세는 상승 추세, 하락 추세, 평행 추세가 있습니다. 이 책에서는 뻔한 내용보다는 실전에서 쓰일 수 있는 무기를 제공하려고 합니다. 추세의 세 가지 유형은 예습 차원에서 가볍게 살펴보겠습니다.

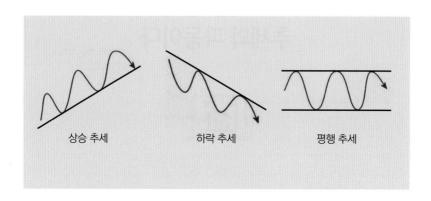

상승 추세는 저점도 높이고 고점도 높이는 형태입니다. 하락 추세는 반대로 저점도 낮아지고 고점도 낮아지는 형태입니다. 평행 추세는 흔히 우리가 알고 있는 박스권입니다. 다음의 실제 차트를 통해 살펴보겠습니다.

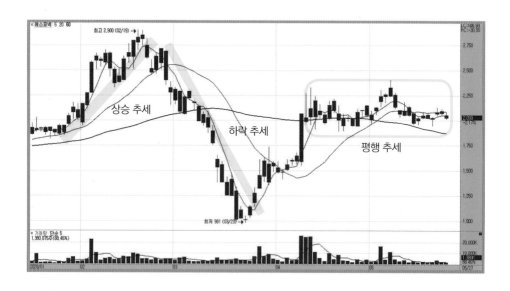

파동은 대표적으로 엘리엇 파동이 알려져 있는데, 주가가 상승하면서 상승 3파, 하락 2파와 반등 1파를 나타낸다는 이론입니다. 급등하는 종목들에서 많이 나오는 패턴인데, 정말 중요한 이론이고 뒤에서 자세히 다루게 될 것입니다. 세력주를 매매하면서 기본이 되는 패턴입니다. 예시를 보면서 다음 공부할 준비를 하겠습니다.

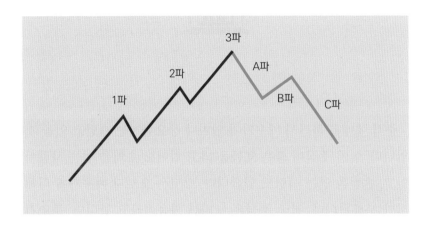

12
매수 가격은
기다리는 시간보다 더 중요하다

주식 매매를 하면서 매수가가 얼마나 중요한지는 깨닫고 있을 것입니다. 어떤 주식이 좋은 흐름을 타고 있어도 수익을 얻는 사람이 있고, 손실을 얻는 사람도 있습니다. 그것은 오로지 매수가에 의해서만 분류됩니다. 결국 주식은 포지션 싸움이라고 합니다. 무조건 싸다고 좋은 것도 아니고, 비싸다고 나쁜 것만도 아닙니다. 적절한 포지션에서 적절한 매수 대응이 중요한 것입니다. 그러나 결국 매수가가 좋아야 흐름을 더 지켜볼 여유도 있고, 손절확률도 낮아지는 것이 사실입니다. 다음 차트를 한번 보겠습니다.

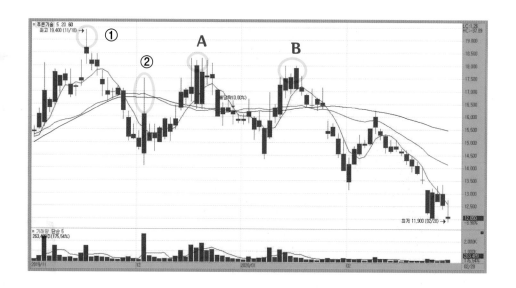

앞에서 같은 추격 매수라도 ①캔들이 아닌 ②캔들에서 추격 매수를 했다면 어쩌면 인생이 달라질 수도 있을 것입니다. A와 B구간에서 두 번의 탈출 기회를 줬습니다. 만약 어떤 막연한 기대감을 갖고 있었다면 순식간에 주가는 반토막 나버리게 됩니다. 손절할 기회를 놓치고 며칠만 더 보려다가 낭패를 보게 됩니다. 순간의 매수 선택이 정말 주식 인생을 좌우할 수도 있습니다. 그러한 사소한 일로 본인의 매매 습성과 색깔이 바뀌기도 합니다. 또 다른 예시를 보겠습니다.

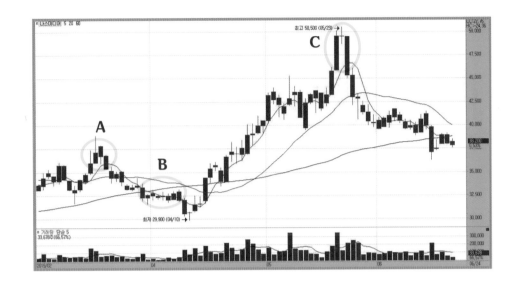

A구간에서 매수한 사람과 B구간에서 매수한 사람 모두 목표가가 C구간이라고 가정해보겠습니다. B구간의 수익률이 당연히 크지만 A구간의 수익률하고 아주 크게 차이가 나는 건 아닙니다. 목표가가 같다면 둘 다 목적을 이루었고, 수익률만 조금 차이 날 뿐입니다. 비록 10% 정도의 차이지만 만약 A구간에서 매수한 사람이 B구간 이후 잠시 이탈하는 캔들에서 견딜 수 없어서 손절했다면 이야기는 또 달라질 것입니다. 어쩌면 다시 이 종목을 매매하지 못할 가능성도 큽니다. 개인 투자자들은 시간을 매우 아깝게 생각합니다. 기다리는 것보다 조금 수익을 덜 내더라도 거래량이 터지거나 올라갈 때 따라가는 경우가 많습니다. 완전한 고점 추격 매수는 아니더라도 돌파 매매의 습관은 나쁜 습관이라 할 수 있습니다. 개인 투자자는 매수가와 기다림으로 큰 결실을 맺는 경우가 대부분입니다. 이제부터 좋은 가격에 매수할 수 있는 스킬들을 이 책에서 많이 공개하겠습니다.

13
매수가보다
더 중요한 비중

앞에서 매수가가 중요하다고 이야기했습니다. 그러나 매수가보다 어쩌면 더 중요한 것이 비중입니다. 주식은 위험자산이고, 대형주 외에는 사실상 위험한 기업 투성이인 것이 주식 시장입니다. 우리는 한 해에도 상장폐지되는 주식들을 많이 보게 됩니다. 개인들이 주식 매매에서 크게 손실을 입는 경우 중 하나가 잘못된 종목 선정을 했는데, 그 종목이 큰 악재로 인해 돌이킬 수 없는 곳으로 갈 경우입니다. 상장폐지는 그 최악의 사태 중 하나입니다. 그러나 우리가 비중을 논한다면 이야기가 틀려집니다.

만약 갑이라는 사람이 삼성전자로 50% 수익을 냈고, 한 종목이 상장폐지를 당해서 99%의 손실을 냈다고 가정합시다. 또 을이라는 사람은 삼성전자로 70% 수익을 냈고, 한 종목을 상장폐지 당했다고 가정해보겠습니다. 둘 다 자본금이 똑같이 1억 원이라고 가정하겠습니다. 갑은 삼성전자 비중이 90%, 상장폐지 종목이 10%였다면 삼성전자로는 4,500만 원의 수익을 냈고, 상장폐지 종목으로는 990만 원의 손실을 냈으므로 총 3,510만 원의 수익을 냈습니다. 반면 을은 삼성전자 비중이 10%, 상장폐지 종목의 비중이 90%였다면 어떨까요? 계산하기도 싫을 만큼 처참한 결과가 나올 것이고, 재기불능 상태로 빠져들 것이 뻔합니다.

주식은 위험자산이라 큰 손실을 가져올 수 있습니다. 주식에서 올인이란 없고, 항상 비중을 지켜야 위험에 대한 관리를 할 수 있습니다. 개인 매매자에게는 특이한 약점들이 있는데, 그것은 무리한 추가 매수를 해서 본전 이상일 때 나오려는 습관입니다. 흔히 이것을 '물 타기'라고 하는데, 이렇게 추가 매수를 하면 단가는 낮아지지만 수량이 늘어나는 단점이 있습니다. 그런 습관으로 위험한 순간이 와도 싸다는 인식으로 무리하게 추가 매수를 하는 개인 투자자들이 생각보다 많습니다.

앞서 예에서 보았듯, 한 종목의 실수로 큰 낭패를 볼 수 있는 것이 주식 투자입니다. 우리가 비중 조절을 잘 못하는 이유는 몇 가지로 분석해볼 수 있는데, 특히 계획성 없는 매수가 가장 큰 이유입니다. 따로 적어놓지는 않더라도 적어도 HTS에 메모기능이 있는데, 그곳에라도 간단한 메모를 해두는 습관이 필요하겠습니다.

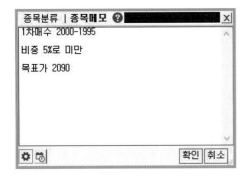

이렇게 간단한 메모만 적어두는 기본적인 습관이 필요합니다. 저는 매매계획서를 작성합니다. 앞의 메모는 HTS에 적는 것이고, 간단한 매매계획서를 적게 되면 더욱더 체계적인 매매를 하면서 비중 조절이 수월해집니다.

종목의 특성마다 비중 조절을 달리하는 방법도 추천합니다. 초대형주는 비중 25%까지 들어갈 수 있는데, 문제는 이것을 한 번에 사면 안 된다는 것입니다. 5분할로 매수한다면 5%씩 매수하면 되고, 2분할로 매수한다면 12.5%씩 2회에 걸쳐서 하면 됩니다. 여기서 추가로 하락한다고 계획한 비중을 늘려버리면 안 됩니다. 비중을 일정하게 하고 위험성이 큰 종목은 비중을 적게 하는 것이 수익 관리에 있어서 기본이 될 것입니다.

비중을 무리하게 둔 종목이 크게 수익이 나면 더 좋지만, 반대의 경우라면 상당히 치명적일 것입니다. 저는 주식을 도박처럼 하는 방법은 절대 권하지 않습니다. 주식을 하다가 큰 상처를 입은 분들 대부분이 고점에서 추격한 분들입니다. 그분들의 특징은 하락하면서 추가 매수를 해 비중이 매우 커졌고, 더 이상 버티지 못하고 손절하면서 큰 상처를 입게 되었다는 것입니다. 차라리 추격 매수를 했더라도 비중을 작게 했다면 어땠을까요? 비중 10%를 샀다가 반토막이 나면 계좌의 5%를 잃는 것이지만, 비중 50%를 샀다가 반토막이 나면 계좌의 25%를 잃는 것입니다. 1억 원에서 500만 원과 1억 원에서 2,500만 원의 차이를 생각하지 않을 수 없습니다. 이 책을 끝까지 읽고 매매를 한다면 앞으로 이런 경우는 없을 것이고, 그렇게 되어서도 안 됩니다. 비중 조절은 계좌의 생명과도 같은 것입니다. 이 사실을 절대 잊어서는 안 됩니다.

14
첫 매수는
그리 중요한 것이 아니다

분할 매수라는 단어는 주식 매매를 하면서 많이 들어봤을 것입니다. 일단 삼성전자의 예를 들어 방법을 알아보겠습니다.

지금 삼성전자의 적절한 매수 구간을 찾으라면 A구간인 52,000원에서 50,000원이라고 할 수 있습니다. 단가를 좋게 하기 위해서는 50,000원까지 내려온다고 가정할 때, 50,000원에 딱 매수하면 환상적인 단가가 되겠습니다. 그러나 분할 매수를 하는 이유가 단가를 낮추는 데만 있는 것은 아닙니다. 물량 확보를 위해서 단계적으로 나눠 매수를 하는 것인데, 만약 50,000원에 매수를 원하는데 조정이 50,500원까지만 오고 다시 상승 분위기로 간다면 어떻게 할까요? 그리고 바로 B구간으로 가버린다면 상당히 당황할 것입니다. 못 봐서 못 산 건 어쩔 수 없어도 계획을 세우고 매수 주문을 했는데 나는 올라타지 못했다면 많이 서운할 것입니다. 그래서 기본적으로 분할 매수를 해야 하는 것입니다. '첫 매수는 그리 중요하지 않다'라는 말이 있는 만큼 이후에 2차, 3차 매수가 승패를 좌우한다 해도 과언이 아닙니다. A구간 첫 자리인 52,000원에 한 번에 매수한 사람은 다음 저항 56,000원에 매도하면 7.7%의 수익, 50,000원에 한 번에 매수한 사람은 12%의 수익입니다. 철저히 분할 매수를 해서 중간 자리인 51,000원에 매수했으면 9.8% 수익을 내게 됩니다. 마지막 예가 분할 매수의 가장 적절한 모범 사례일 것입니다. 수량 확보와 단가라는 두 마리 토끼를 좇는 데 부족함이 없습니다.

또한 단타 매매에서는 분할 매수의 방법을 달리해야 할 것입니다. 다음 예를 보면서 더 이야기해보겠습니다.

　뒤에서 신비로운 단타 기법을 소개하겠지만 흔히 나오는 방법으로 분할 매수를 적용시켜보면, A, B, C 단계를 일단 확인하고 매수하는 것이 정석입니다. A구간을 돌파할 때 매수하게 되고, B구간을 돌파하지 못하면 매도, 그리고 D구간은 확인만 하고 이후 되돌림이 나오는데, 미달했기 때문에 매도해야 합니다. 이것이 정석인데, 분할 매수는 어떻게 할 것이냐가 관건입니다. 단기 매매는 잘못하면 순식간에 감당하지 못할 엄청난 손실을 입게 됩니다. 그래서 더욱더 단가 관리가 잘 되어야 하는데, 이것은 4장에서 자세히 다루겠습니다. 그러면 이제 분할 매수를 고려하지 못하면 어떻게 될지 한번 상상해볼 타이밍입니다. 앞의 분봉 차트의 일봉 차트를 한번 보겠습니다.

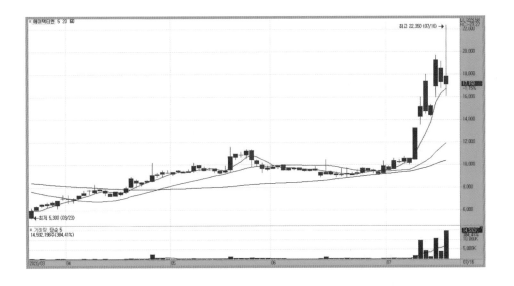

고가 +29%, 저가 -8% 가까운 변동성을 보였습니다. 시가에 풀 매수를 해서 고가에 팔았다면 26%의 수익을 냈겠지만 그건 기적과도 같은 이야기입니다. 현실은 고가에 엄청난 매수세가 들어왔고, 장 후반에 급락했습니다. 만약 분할 매수 전략 없이 손절 계획만 잡고 매매했다면 다섯 번쯤 매수하고 다섯 번 손절했을 것입니다. 스윙이든지 중기든지 혹은 단타 매매든지 분할 매수는 매우 중요합니다. 첫 매수는 그리 중요하지 않고 다음에 어떻게 분할 매수를 하느냐에 따라 그 운명이 좌우됩니다. 제가 제시하는 분할 매수 방법은 5 : 5와 3 : 3 : 4, 2.5 : 2.5 : 2.5 : 2.5의 세 가지를 추천합니다. 뒤에서 또 다룰 예정이니 일단 여기까지 보고 다음으로 넘어가겠습니다.

15
저평가 종목은 뉴스에서 찾지 말고
검색식에서 찾자

　주식을 매매하면서 흔히 저평가 종목을 발굴하라는 말을 많이 듣습니다. 뉴스를 보다보면 종목에 대한 리포트도 많이 보게 됩니다. '무슨무슨 기업의 저평가 목표가 상향조정…' 이렇게 나오면 당일 주가가 들썩이기도 합니다. 그러나 그렇게 뉴스를 보고 진입한 분들은 그리 재미를 못 보게 됩니다. 우리는 가치 투자, 저평가 우량 종목 발굴을 꿈꾸지만 현실은 뉴스가 나오면 좇아가기 바쁩니다. 각 증권사의 HTS마다 검색식이 있습니다. 제가 쓰는 검색식을 잠시 예로 들겠습니다.

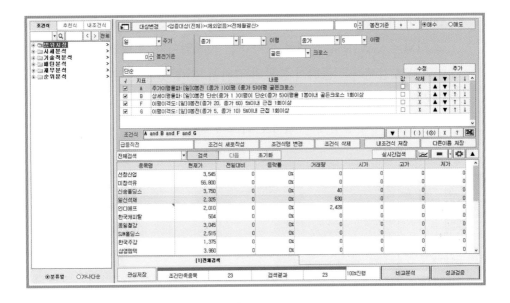

이렇게 검색식에서 조건을 입력하면 원하는 결과를 불러올 수 있습니다. 이 검색식은 슈팅이 임박한 종목들을 찾아내는 검색식입니다. 조건 검색식만 잘 사용하면 주식 매매에서 소금 같은 존재가될 수 있습니다.

먼저, 중요한 저평가 기준을 우선 잡고 검색식을 돌려봐야 하겠습니다. 일단 저평가 기준을 수치로 볼 수 있는 것이 PBR입니다. PBR은 주가 순자산 비율로 주가가 주당 순자산의 몇 배인가를 나타내는 지표입니다. 즉 현재 주가와 장부상의 가치를 비교하는 수치로 1.0 미만이면 저평가 구간이 됩니다. 매출은 그 회사의 영업규모를 말해주고 있는데, 증시에서 가장 좋아하는 흐름은 당연히 매해 증가하는 추세인 경우입니다. 매출의 증가가 꼭 영업이익의 증가는 아니지만 그럴 확률을 높여주고, 회사의 규모 또한 키워주게

됩니다. 유보율은 기업의 잉여금을 납입 자본금으로 나눈 수치로
그 기업의 현금 보유 능력을 나타내는 지표입니다. 이렇게 공식을
대입하고 검색식을 돌려서 종목의 결과를 알 수 있게 됩니다. 그 결
과물은 다음의 그림과 같습니다. 기회가 된다면 다음에 검색식을
짜는 여러 가지 방법에 대해서 논하도록 하겠습니다.

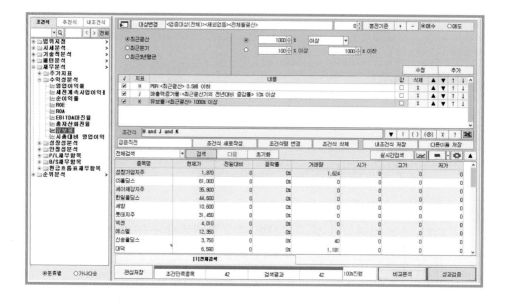

16
반드시 알아야 할
폭등 전 캔들 조합

    캔들은 해당 종목의 그날 모든 가격대를 말해줍니다. 시가, 저가, 고가, 종가를 보면서 그 흐름을 가늠하기도 합니다. 여기서 우리는 단순히 캔들만 보고 넘어가는 것보다 그 캔들들의 의미와 미래를 말해주는 흐름에 대해 예측할 필요가 있습니다. 캔들은 어떤 날은 의미가 없는 날도 있습니다. 그런 경우는 대부분 바닥에서 횡보할 때 가격 변동성이 매우 적고, 거래량이 바닥을 보이고 있는 순간입니다. 그러나 사실상 그 자리가 매수의 가장 적정한 시기입니다. 다음 차트를 보면 표시한 구간에는 거래량이 바닥이고 가격 변동력도 없습니다. 개인 매매자들이 하품을 하며 지루해하는 모습이 연상될 정도입니다. 의외로 저 구간에 상승하지 못하는 기간이 길어지면서 손절하는 매매자들도 상당히 많다는 것을 알아야 합니다. 그러나 그 구간이 지나면 슬슬 세력들이 지루해하던 사람들을 마치 위로해주는 듯한 흐름을 보여줍니다.

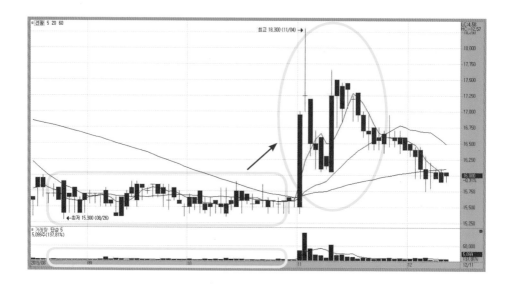

이 차트의 캔들 조합들을 조금 더 면밀히 살펴볼 필요가 있습니다. 급등 전에 특히 바닥에서 많이 나오는 캔들의 조합이 망치, 역망치, 도지, 팽이 형태라는 것입니다. 망치형과 역망치형은 다음에 이어지는 그림처럼 망치를 세워놓은 모양과 거꾸로 세워놓은 형태의 캔들입니다. 망치형 캔들의 의미는 장중에 주가가 내려와도 다시 끌어올리는 힘이 있다는 의미가 됩니다. 역망치형 캔들은 장중에 주가가 살짝 올라갔지만 매도하는 힘도 있다는 의미입니다. 하지만 바닥에서 탈출해보려는 의도로 해석됩니다.

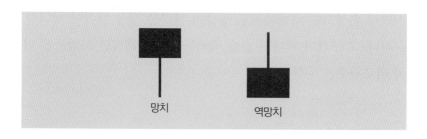

팽이형과 도지(십자가) 형태도 많이 출현하는데, 이는 매수세와 매도세의 균형을 의미합니다. 팽이형은 최대한 윗꼬리와 아랫꼬리가 짧아야 하고, 음봉이냐 양봉이냐는 큰 의미가 없습니다. 도지(십자가) 형태는 완벽한 매수세와 매도세의 균형을 의미합니다.

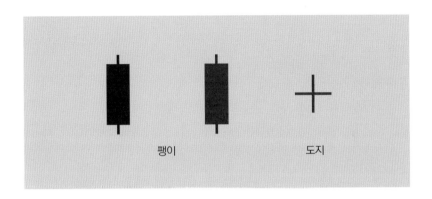

이러한 캔들 조합들에 대해서는 나중에 자세히 설명하겠지만 반드시 알아야 할 폭등 전 캔들 조합이라는 것을 알아두고 시작해야합니다. 이제 본격적인 프로트레이더로 가는 출발점에서 시동을 걸어봤습니다. 이 책은 뒤로 갈수록 여러분의 시선을 사로잡는 기법과 방법, 이론들로 가득할 것입니다. 이제 본격적으로 시작해보겠습니다.

3장

대형주는 느려도
안전하게 수익을 낸다

Pro Trader

01
대형주 종목
발굴법

　개인 매매자의 성향은 크게 세 가지로 나눌 수 있습니다. 혼합형, 돌파형, 안전형입니다. 혼합형은 대형주와 테마주 등을 섞어서 하는 성향이고, 돌파형은 리스크를 안고서라도 빠른 매매만 즐기는 성향이고, 안전형은 실적과 가격 메리트를 고려한 대형주 위주의 매매를 즐기는 성향입니다. 테마주나 급등주는 대개 코스닥 소형 종목이 많습니다. 화끈한 탄력이 있어서 단기간에 큰 수익을 낼 수 있지만 반면에 큰 손실이 나기도 합니다. 대형주의 장점은 안정성에 있습니다. 일단 종목 재무 리스크는 크지 않아서 물량을 좀 태워도 그렇게 걱정할 일이 없습니다. 아마 상장폐지를 경험해본 분들은 그 아픔을 공감할 것입니다. 그러나 대형주도 당연히 고가에서 추격하는 방식이나 뉴스로 올라갈 때 좇아가는 매매는 실패 확률이 99%입니다. 대형주도 역시 뻔한 흐름을 주지 않습니다. 그러면 대형주는 어떻게 진입하는 게 좋고 어떤 종목을 발굴해 매매하는 게 좋을까요?

대형주도 중소형주와 마찬가지로 중요한 것은 '수급'입니다. 그러나 시가총액이 크기 때문에 자잘한 세력의 수급은 사이즈가 아예 맞지 않습니다. 대부분 시가총액이 클수록 지수와 연동하려는 성격이 커집니다. 따라서 외국인이나 기관의 개입이 크게 발생하게 됩니다. 즉, 외국인과 기관에 의해서 주가가 컨트롤된다는 의미입니다. 또한 실적 베이스로 움직이는 종목들이 특히 많고 미래의 가치만큼이나 현재의 실적도 중요하게 여기는 경우가 많습니다. 실적도 받쳐주고 미래에 대한 기대감도 좋다면 더할 나위 없겠습니다. 재무상으로 증시에서 선호하는 스타일이 바로 성장성입니다. 즉, 매출도 증가세이고 영업이익도 증가세인 종목은 결국 움직이게 됩니다. 장기간 침체였던 섹터들도 저가에 오래 머물면 반등하는 경우가 많습니다. 대형주도 결국 매수 포인트가 중요하고, 펀더멘탈(Fundamental)이 견고하다면 결국 저가 매수를 해야 특히 개인 매매자는 승부를 볼 수가 있습니다. 다음의 LG전자의 경우는 시장의 실적 예상치보다 실제 실적이 잘 나온 경우입니다.

이것은 LG전자의 주봉 차트입니다. 이 종목은 2020년 7월 목표
가가 계속 상향되면서 85,000원 리포트들이 나오고 있습니다. 2분
기 실적도 잘 나와서 당연히 증권사의 호평이 쏟아지고, 현재 저가
라는 인식을 강조하며 매수를 간접적으로 권장하고 있습니다. 그
러나 불과 2개월 전인 5월만 하더라도 2분기 실적 전망이 어둡다
는 리포트들과 함께 목표가가 60,000원까지 나오며 악성 리포트
들이 쏟아졌습니다. 2분기를 전망하는 것이 그렇게 어려웠을까요?
아니면 다른 이유가 있었을까요? LG전자에게 그러면 가장 큰 호재
가 예상보다 좋은 실적이었을까요? 이번에는 조금 긴 흐름의 주봉
차트를 보겠습니다.

A와 B 양 구간에서 저점을 확인하며 삼각수렴하는 차트입니다.
C구간은 코로나 투매로 인한 낙폭인데, 이것도 결국 세력들의 좋

은 먹잇감이 되었습니다. LG전자가 큰 폭의 실적개선과 미래가 투명해졌다기보다 가격적인 메리트가 생겼음은 부인할 수 없는 것입니다. 결국 대형주 종목 발굴의 핵심은 포지션이고, 올릴 수 있는 명분은 얼마든지 메이저들이 만들어준다는 것입니다. 일단 주봉 차트에서 충분히 주가가 빠진 것을 확인하고 돌리는 시점을 가늠하는 것은 대형주 종목 발굴의 가장 중요한 요소이자 기본이 될 것입니다.

02
메이저 수급의
비밀

우리는 주식을 매수하면 그 수급원에 상당히 신경 씁니다. 외국인이 매수를 몇 만 주 했고, 연기금이 얼마 매도했고 등, 이런 정보에 상당히 민감합니다. 맞습니다. 대형주는 특히 메이저급 수급이 매우 중요한 것이 사실이고, 각 기관들마다 특징이 있기도 합니다. 다음의 수급표를 한번 보겠습니다.

일자	현재가	전일비	거래량	개인	외국인	기관계	금융투자	보험	투신	기타금융	은행	연기금등	사모펀드	국가	기타법인	내외국인
11-05	125,500 ▲ 3,000	1,439,919	-11,797	+6,125			+6,150								-1,130	
20/07/24	122,500 ▼ 2,000	3,908,721	-5,288	-9,365	+5,960	-2,179	+1,370	+7,081	+293	+880	-4,258	+2,773		+8,584	+109
20/07/23	124,500 ▲ 6,000	4,505,464	-56,942	+17,406	+38,983	-4,764	+7,056	+6,973	+515	+462	+15,312	+13,430		+1,300	-746
20/07/22	118,500 ▼ 3,000	2,395,085	+26,711	-25,251	+935	+3,066	-3,900	+900	+8	+170	+1,935	-1,444		-2,254	+669
20/07/21	121,500 0	3,136,553	-15,649	-7,595	+20,212	+5,811	+2,413	+6,084	+423	-1,708	+8,071	-1,482		+3,141	-118
20/07/20	121,500 ▲ 4,000	4,451,527	+15,205	-5,672	-9,711	-16,185	+3,065	+7,323	-70	-702	-5,125	+1,983		-91	+257
20/07/17	117,500 ▲ 7,500	4,265,529	-105,382	+83,721	+24,853	-4,433	+3,632	+8,065	+445	+445	+16,424	+295		-2,249	-945
20/07/16	110,000 ▲ 1,000	3,254,530	-18,569	-5,796	+22,765	-7,805	+9,476	+8,703	+476	-4	+9,796	+2,121		+1,665	-62
20/07/15	109,000 ▲ 7,500	4,494,730	-114,615	+42,293	+73,644	+21,609	+6,954	+9,661	-11	+172	+31,015	+2,245		-914	-408
20/07/14	101,500 0	1,050,563	+8,705	-2,181	-6,616	-6,457	-442	+871		+49	-1,467	-371		+189	+44
20/07/13	101,500 ▲ 3,200	1,376,002	-35,892	+26,474	+8,770	+2,654	+75	+101	-16	-11	+5,084	+922		+921	-272
20/07/10	98,300 ▼ 1,300	1,099,298	+49,294	-21,630	-24,413	-11,250	-2,092	-2,432	-2	+47	-3,695	-5,019		-2,414	+162
20/07/09	99,600 0	922,604	-6,606	+1,575	+1,290	+4,599	-953	-3,440		-4	-6,142	-49		+3,732	+9
20/07/08	99,600 ▲ 400	859,735	+7,058	-8,794	-413	-222	+912	-347		-14	+981	-1,724		+1,535	+14
20/07/07	99,200 ▼ 2,300	1,379,122	+44,662	-30,962	-15,961	-779	-4,047	-340	-147	-9	-11,946	+527		+2,147	+113
20/07/06	101,500 ▲ 2,300	1,189,877	-28,076	+15,117	+12,361	+10,981	-548	-50	+181	-9	+407	+1,318		-26	-276
20/07/03	99,200 ▲ 200	569,575	+6,023	-2,030	-7,034	-337	-966			+76	-4,045	-1,016		-1,602	-14
20/07/02	99,000 ▲ 800	730,963	-5,839	-1,649	+9,053	+5,861	+3,257	-285	-599	+65	-1,750	+2,492		-1,622	+56
20/07/01	98,200 ▲ 500	640,540	-10,017	+2,904	+6,946	+4,443	-624	-252		-15	+3,450	-47		+383	-215
20/06/30	97,700 0	998,967	+20,738	-24,421	+1,945	+4,197	-676	-1,470		+65	+957	-1,125		+1,663	+74

노랗게 표시된 부분은 외국인의 연속된 순매도, 기관의 연속된 순매수 구간을 나타내고 있습니다. 그럼 그때의 주가를 차트를 통해서 한번 보겠습니다.

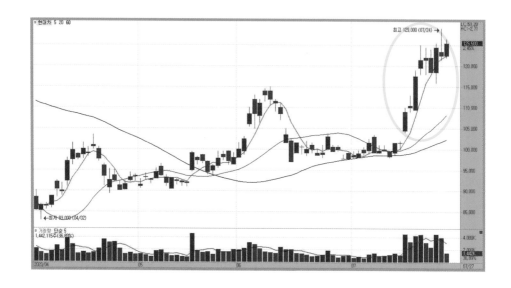

기관의 폭발적인 순매수세가 집중되는 기간 동안 주가가 상당히 가파르게 올라왔음을 확인할 수 있습니다. 상승 초입에 외국인은 매수를 하고, 주로 매도를 하며 차익 실현을 했음을 짐작할 수 있습니다. 그러면 다음에 봐야 할 흐름은 기관이 차익 실현을 하면 외국인이 순매수를 받쳐주느냐가 하는 것입니다. 특히 대형주들은 개인의 연속된 순매수로는 한계가 있습니다. 개인 투자자들은 단합이 안 된다는 치명적인 단점이 있기 때문에 일사불란하게 움직이지 못합니다. 메이저들은 개인 투자자들이 생각하는 것보다 단가라는 것에 크게 민감하지 않습니다. 외국인은 매수 시 대형주는 프로그램

매수를 하는데, 주로 바스켓 매매 방식을 취합니다. 단위가 크고 매수하는 날은 시간의 간격과 가격 조건을 두고 장중 내내 매수하는 경향을 보입니다. 그들은 물론 수익을 추종하지만 손실에 개인 매매자처럼 많이 민감하지 않다는 것도 염두에 두어야 합니다. 그리고 그들은 깜짝 실적을 발표하고 주식을 매도하고, 실적 악화 소식을 발표하고 오히려 매수하는 반대 성향을 가집니다. 그들은 개인들이 저가에 매수하는 것을 매우 싫어합니다. 그저 나중에 자신들의 물량을 받아주기를 원하며 온갖 뉴스들로 희망을 주고, 또 절망을 주기도 하는 것입니다.

03
대형주 매매
방법론

　대형주를 매매하면서 일단 시작해야 하는 것은 스스로 만드는 매매계획서입니다. 자세히 쓰는 분도 있지만 아예 모든 것을 눈대중으로 하는 분도 많습니다. 대형주만큼은 매매를 하면서 어떻게 운용할 것인지 세부적인 계획이 필요합니다. 저는 따로 문서로 작성하는데, 바쁜 직장인에게 그것까지 강요하지는 않겠습니다. 그게 힘들다면 차트에라도 간단히 메모하거나 HTS에 선을 긋고 그림을 좀 그려서 써놓으면 더욱더 효과적인 방법이 될 것입니다. 일단 샘플을 보겠습니다.

앞서 차트에서 빨간 선은 목표가, 검정 선은 매수가, 파란 선은 손절가입니다. 이렇게 선으로만 그려도 대략적인 전략이 나오는데, 이 예시는 매수가 11,500원에서 11,200원이고, 목표가 13,300원이며, 손절가는 11,000원 이탈이라는 것을 따로 글자를 써넣지 않아도 알아볼 수 있습니다. 당연히 대형주를 운용하면서 매수가에 무척 신중해야 하는 것은 당연합니다. 어떤 변수까지 적용해야 하는, 조금 더 복잡한 종목이라면 간단한 종목 매매계획서를 작성하는 게 좋습니다. 다음의 샘플을 한번 보겠습니다.

OCI 매매계획

1. 매수 이유 – 그린뉴딜정책 수혜 기대와 실적개선 전망
2. 매수 전략 – 54,000원~55,000원 1차 매수, 50,000원~48,000원 2차 매수 ➡ 총 비중 10% 미만
3. 리스크 관리 – 47,000원 이탈 시 절반 손절 후 차후 흐름 관찰
4. 매도 전략 – 70,000원에 비중 3분의 1 매도, 최종 매도가 90,000원이나 85,000원 돌파 실패 시 전량 매도
5. 체크포인트 – 정부 의지에도 에너지 효율성이 떨어진다는 변수 감안, 중국 제품과 경쟁력 고려
6. 재무사항과 현시점 차트 체크

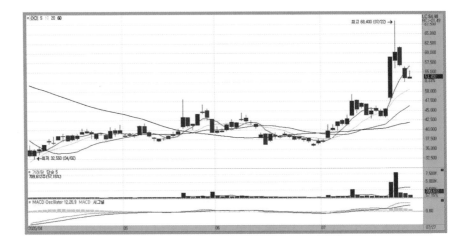

IFRS(연결)	Annual				Net Quarter			
	2017/12	2018/12	2019/12	2020/12(E)	2019/12	2020/03	2020/06	2020/09(E)
매출액	36,316	31,121	26,051	20,410	6,387	5,686	4,016	5,330
영업이익	2,844	1,587	-1,806	-1,227	-642	-929	-443	-20
영업이익(발표기준)	2,844	1,587	-1,806		-642	-929	-443	
당기순이익	2,326	1,038	-8,074	-970	-6,607	-579	-382	
지배주주순이익	2,349	1,038	-7,944	-936	-6,520	-560	-368	-38
비지배주주순이익	-23	0	-130		-87	-19	-14	
자산총계	60,778	56,596	48,112	45,980	48,112	47,862	45,705	
부채총계	26,621	21,670	21,255	20,060	21,255	21,279	19,697	
자본총계	34,157	34,926	26,857	25,918	26,857	26,583	26,008	
지배주주지분	33,523	34,294	26,357	25,440	26,357	26,084	25,537	
비지배주주지분	634	631	500	478	500	500	472	
자본금	1,272	1,272	1,272	1,270	1,272	1,272	1,272	
부채비율	77.94	62.05	79.14	77.40	79.14	80.04	75.74	
유보율	2,534.51	2,595.11	1,971.33		1,971.33	1,951.69	1,912.35	

어떤가요? 간단하게 보이면서도 꼭 필요한 전략들은 적어놓은 꼼꼼함까지 보이지 않습니까? 개인 종목을 매매하면서 수십 페이지의 리포트는 필요 없습니다. 그러나 적어도 왜 매수를 하는지, 얼마에 비중을 어떻게 매수할 것인지, 그리고 얼마에 매도할지 미리 간단하게라도 메모하는 습관을 들여야 합니다. 이런 사소한 것에서 성공하는 트레이더의 습관이 시작되는 것입니다. 흔히 잡주들은 충동적으로 매수하는 경우가 많습니다. 그러나 대형주들은 대부

분 재료도 확인하고, 수급도 체크하고 들어가는 경우가 대부분입니다. 이 정도 리포트를 자신을 위해 쓴다는 것은 대형주를 매매하는데 상당히 필요한 요소가 됩니다. 대형주는 대형주답게 매매할 준비가 기본적으로 필요한 것입니다.

04
대형주가
상승하는 패턴

　대형주는 흔히 말하는 급등은 잘하지 못합니다. 대개 추세를 그리며 상승하는 경우가 많습니다. 삼성전자의 예를 보면 한 7%만 상승해도 그날 지수는 큰 영향을 받습니다. 삼성전자의 7% 상승은 웬만한 중형주 상한가보다 더 큰 위력을 떨치게 됩니다. 가벼운 스몰캡 종목들은 급등할 때 파동이 많고, 대형주들은 추세로 가는 경우가 대부분입니다. 그 이유는 무게 때문입니다.

순위	종목명	현재가	전일대비	등락률	거래량	거래비중	시가총액	시가총액비
1	삼성전자	55,600 ▲	1,400	+2.58%	20,822,639	7.06	331,919,910	21.30%
2	SK하이닉스	82,800 ▼	900	-1.08%	2,764,011	1.41	60,278,596	3.86%
3	삼성바이오로직	754,000 ▼	1,000	-0.13%	92,556	0.43	49,888,410	3.20%
4	NAVER	284,500 ▲	3,500	+1.25%	687,176	1.19	46,732,936	3.00%
5	셀트리온	317,000 ▼	2,000	-0.63%	470,863	0.91	42,775,785	2.74%

　시총 1위인 삼성전자는 시가총액이 330조 원이 넘고, 2위인 하이닉스와 5배 넘게 차이 납니다. 만약 삼성전자 물량의 30%를 매집해

주가를 마음대로 휘저으려고 한다면 약 100조 원의 자금이 필요합니다. 즉 대형주는 단일 세력이 매집해 움직일 만한 수준이 아니라는 것입니다. 반면에 다음 종목들을 살펴보겠습니다.

순위	종목명	현재가	전일대비	등락률	거래량	거래비중	시가총액	시가총액비
862	알에스오토메이	7,900 ▼	100	-1.25%	38,693		71,915	0.02%
863	아비코전자	5,360 ▲	60	+1.13%	256,963	0.01	71,250	0.02%
864	배럴	9,030 ▲	230	+2.61%	69,454		71,206	0.02%
865	서울옥션	4,200 ▼	15	-0.36%	42,993		71,054	0.02%
866	리더스코스메틱	3,905 ▼	50	-1.26%	68,880		71,022	0.02%

710억 원대 소형주들입니다. 물론 이것보다 작은 종목들도 많습니다. 이 종목은 30%를 매집하는 데 210억 원 정도 소요되겠습니다. 물론 적은 돈이 아니지만 삼성전자의 100조 원에 비하면 비교가 안 되는 것이 사실입니다.

파동은 앞에서도 보여드렸듯이 상승 때 폭발력도 강하고 조정도 화끈하게 오는 경우가 많습니다. 즉 매물대를 많이 건드리기 때문에 거래량도 폭발하게 됩니다. 그러나 대형주들은 시가총액 사이즈가 크기 때문에 폭발력 있는 장대양봉이 출현하기 쉽지 않습니다. 그렇기 때문에 상승과 조정이 잔잔하게 나오는 경우가 대부분입니다. 상승과 파동을 대형주와 소형주로 비교하면 다음과 같습니다.

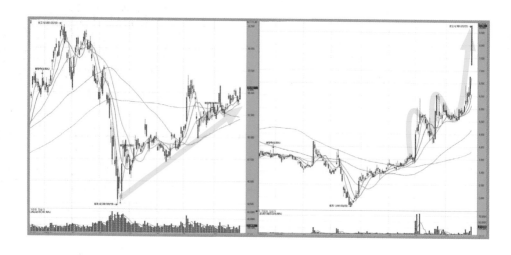

　왼쪽의 종목은 330조 원의 삼성전자이고 오른쪽 종목은 1,200억 원의 모나미입니다. 대형주는 보통 상승 시점에서 하락 추세를 돌파하며 시작되거나, 하락 추세 이후에 박스를 보인 후 상승 추세로 돌아서는 경우가 많습니다. 심하면 2년 이상 하락하는 경우가 많고, 상승 흐름을 잘 타면 몇 년 동안 추세를 유지하는 경우도 많습니다.

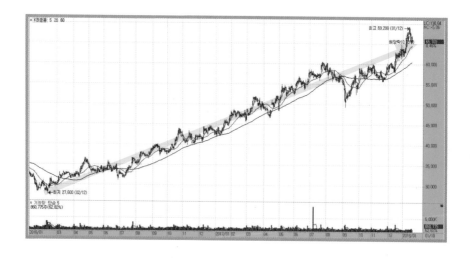

앞의 KB금융의 예를 봐도 2016년 1월부터 2018년 1월까지 약 2년간 상승 추세를 보였음을 확인할 수 있습니다. 대형주는 지수와 상관도가 대개 밀접하나 누가 더 강한지는 당연히 가려지게 됩니다. 대형주도 약세장에서 빛나는 종목이 있고, 강세장에서 약한 흐름을 보이기도 합니다. 대형주는 수급과 함께 추세를 잘 파악하는 것이 매우 중요합니다. 잘 올라타는 기술만 습득하면 편안하게 수익을 낼 수 있는 것이 대형주 매매입니다.

05
대형주 진입
시점 포착

　추세를 주로 이용하는 대형주의 진입 시점을 한번 알아보겠습니다. 먼저 수급의 변환점을 찾아보는 방법입니다. 누가 그 종목의 큰 손이었을까 하는 문제부터 해결해야 합니다. 과거의 패턴을 반복하는 게 주식의 습성이기 때문이고, 기관이나 외국인마다 주로 선호하는 종목과 섹터가 있기 마련입니다. 특히 누가 추세 하단에서 매도를 멈췄는지, 누가 하락 추세에서 평행 추세로 변신을 시킨 일등공신인지 찾아낼 필요가 있습니다.

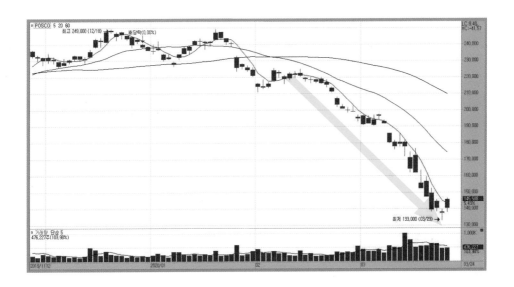

이 차트는 POSCO의 것입니다. 2월 말부터 3월 말까지 크게 하락
했습니다. 다음과 같이 그 기간 동안 투자자별 매매동향을 보면 굳
이 계산기를 꺼내지 않아도 범인은 쉽게 찾아낼 수 있습니다.

일자	현재가	전일비	거래량	개인	외국인	기관계	금융투자	보험	투신	기타금융	은행	연기금등	사모펀드	국가	기타법인
20/03/23	138,000	▼ 6,500	457,989	+19,057	-13,868	-5,738	-4,541	+209	-1,902	-531	-27	+1,529	-474		+653
20/03/20	144,500	▲ 5,000	636,918	+3,919	-2,055	-3,983	-11,966	+696	+470	-407	+142	+7,102	-21		+2,052
20/03/19	139,500	▼ 8,000	645,668	-5,167	+5,573	-398	+1,527	-296	-1,789	-222	-1,225	+1,795	-187		-55
20/03/18	147,500	▼ 8,000	559,707	+806	+9,119	-10,205	-5,839	+932	-846	-85	-899	-2,790	-678		+429
20/03/17	155,500	▼ 6,500	547,216	+6,022	-1,854	-5,611	+1,229	+245	-1,253	-930	-861	-3,225	-816		+1,405
20/03/16	162,000	▼ 9,000	506,250	+18,169	-10,569	-7,750	-8,593	-726	-713	-10	-270	+3,254	-692		+144
20/03/13	171,000	▼ 7,000	784,135	+5,994	-13,284	+6,207	-2,794	+230	-3	-37	-331	+7,590	+1,452		+1,044
20/03/12	178,000	▼ 1,500	1,019,659	-345	+12,180	-12,033	-4,745	-247	-7,319	-1,119	+305	+1,039	+23		+225
20/03/11	179,500	▼ 1,000	483,620	-1,878	+10,952	-9,245	-5,101	-510	-2,079	+126	-71	-1,862	+253		+122
20/03/10	180,500	0	497,558	+7,455	-12,048	+3,008	+7,892	-102	-4,609	+11	-497	+1,231	-918		+1,636
20/03/09	180,500	▼ 11,500	551,277	+31,390	-24,762	-6,927	-10,786	-2,090	-2,159	-71	-1,343	+12,527	-3,004		+274
20/03/06	192,000	▼ 5,000	299,607	+13,617	-12,427	-1,049	-5,125	+965	-2,521	+25	-292	+6,584	-705		-145
20/03/05	197,000	▲ 3,000	421,898	+8,187	+3,560	-12,913	-4,422	+62	-6,696	+491	-14	-2,253	-81		+1,139
20/03/04	194,000	▲ 2,000	363,057	+2,993	+8,660	-12,095	-6,888	-403	-446	+471	-871	-5,708	+751		+445
20/03/03	192,000	▲ 500	369,345	+3,697	-415	-3,481	-5,500	+725	+966	+51		-603	+879		+222
20/03/02	191,500	▼ 4,000	437,217	+24,858	-21,087	-4,430	+75	+290	-558	+55	+13	-4,229	-75		+620
20/02/28	195,500	▼ 3,500	536,272	-4,244	-5,085	+8,917	+11,313	+206	+315		-145	-2,368	-403		+424
20/02/27	199,000	▼ 1,000	305,381	-3,324	-4,996	+8,061	+4,501	+235	+186		-1	+3,036	+105		+54
20/02/26	200,000	▼ 2,000	339,857	+10,753	-11,142	-128	-669	-2,076	+86	+191	+310	+2,551	-523		+349
20/02/25	202,000	▼ 1,500	306,873	+13,344	-11,924	-1,632	+2,147	+373	-1,508	+15	-27	+439	-3,071		+155

이번에는 그 이후 반등하는 차트를 보면서 다음 수급까지 한번에
그림으로 보면 더 이해가 빠를 것입니다.

일자	현재가	전일비	거래량	개인	외국인	기관계	금융투자	보험	투신	기타금융	은행	연기금등	사모펀드	국가	기타법인	내외국인
20/04/21	171,000 ▼	4,500	560,075	+11,319	-6,738	-4,578	-3,273	+82	-1,275	-22	-125	+577	-542		+23	-26
20/04/20	175,500 ▲	500	390,955	+11,013	-3,184	-6,962	-7,126	+419	-169		-4	+658	-740		-864	-2
20/04/17	176,000	0	550,330	+18,600	-18,866	-276	+1,359	-1,105	-1,799	+131	+50	+1,928	-840		+263	+299
20/04/16	176,000 ▼	7,000	653,004	+27,104	-29,209	+1,908	+1,059	-267	-1,431	+9	-368	+5,589	-2,563		+123	+75
20/04/14	183,000 ▲	2,000	602,681	-1,510	-10,722	+12,542	+3,681	+1,344	+1,899	+39	-429	+5,076	+933		-294	-16
20/04/13	181,000 ▲	3,000	994,277	+9,801	+2,168	-12,238	-13,814	-103	+559	+84	-803	+74	+1,765		+314	-45
20/04/10	178,000 ▲	13,500	977,632	-27,212	+2,218	+25,515	-4,297	+5,295	+10,421	+49	+244	+13,859	-47		-475	-46
20/04/09	164,500 ▲	3,500	650,779	+2,425	+7,922	-10,123	-2,654	+268	+1,537	+118	-5,019	-4,047	-325		-103	-121
20/04/08	161,000 ▼	500	440,329	+7,974	-4,674	-3,920	-3,710	-456	+279	-2	+326	-283	-73		+422	+197
20/04/07	161,500 ▲	500	543,379	+22,065	-17,577	-4,950	-3,158	-402	-808	-1	-52	-504	-24		+273	+189
20/04/06	161,000 ▲	4,000	362,428	-5,269	-6,110	+12,172	+15,570	-450	-1,269	-2	+36	-1,726	+13		-657	-137
20/04/03	157,000 ▲	1,000	395,194	+3,954	+2,613	-7,083	-4,252	-2,095	-1,688		-271	+946	+277		+595	+21
20/04/02	156,000 ▲	1,000	478,869	+8,538	-5,494	-3,347	+1,094	-1,854	-1,360		-52	-457	-718		+185	+117
20/04/01	155,000 ▼	6,000	396,564	+15,531	-845	-14,427	-5,490	-2,278	-1,146	+73	-142	-2,595	-2,840		-292	+33
20/03/31	161,000 ▲	1,000	474,039	+8,767	-2,161	-6,572	-5,431	-433	-1,744	-253	+439	+599	+251		+56	-90
20/03/30	160,000 ▲	3,500	501,851	+17,361	-16,382	-932	-1,102	+158	-1,199	-6	+6	-953	+2,165		+46	-93
20/03/27	163,500 ▲	8,000	567,062	-11,981	+331	+11,603	+1,314	+687	+1,013	-76	+2,099	+6,361	+205		-153	+201
20/03/26	155,500 ▲	5,500	509,091	+17,197	-19,222	+2,216	+817	-203	-283	+197	+473	+1,488	-273		-239	+49
20/03/25	161,000 ▲	15,500	581,137	-3,861	-2,072	+5,614	+3,431	-506	+79	+31	-25	+3,262	-657		+332	-13
20/03/24	145,500 ▲	7,500	476,227	+5,479	-11,414	+6,111	+1,827	-1,357	+1,531	-3		+4,481	-368		-187	+11

상승으로 전환의 초입이 상당히 중요하다고 말했는데, 3월 24일부터 4일간 기관 수급, 특히 연기금 매수가 집중되었고, 4월 10일 장대양봉은 외국인과 기관의 양 매수이지만 투신과 연기금의 작품이라고 볼 수 있습니다. 그러면 향후에도 연기금과 투신의 수급에 집중해야 한다는 계산이 나옵니다. 그들의 수급을 추적하는 것은 그리 어렵지 않습니다. 외국인은 창구별로 분석해야 하는데, 그리 까다롭지는 않지만 상대적으로 연기금과 투신 물량은 추적이 더 수월합니다. 이렇게 추세 변환점에서 수급원을 보고 거래량이 충분히 나오는지도 확인할 필요가 있습니다. 그러면서 개인 매매자는 여유를 가지고 서서히 분할 매수를 하는 시점입니다. 추세가 변화되는 그 시점에 딱 들어갈 수는 없습니다. 추세 변환점부터 준비를 하든지 평행 추세는 버리고 상승으로 전환되면서 들어가는 방법을 선택해야 합니다. 가격이냐 시간이냐의 차이는 있지만, 대형주는 양쪽 모두 여유롭게 두고 매매를 진행할 필요가 있습니다.

06
대형주를 매매하려면
시총 상위주의 흐름을 보자

대형주를 매매하려면 일단 코스피는 시총 1위에서 30위, 코스닥은 시총 1위에서 20위까지는 매일 차트를 볼 필요가 있습니다. 물론 뉴스도 챙겨봐야 합니다. 대형주의 경우, 코스피는 선물과 밀접하게 관계가 있고 메이저 수급과의 연관성도 큽니다. 코스닥도 대형주는 그렇지만 코스피에 비해 상당히 시총이 가벼운 것이 사실입니다. 코스닥 시총 1위 종목이 코스피로 오면 시총 20위에 가까스로 들어오게 됩니다. 그나마 셀트리온 3형제가 분위기가 좋아서 그렇지 그전에는 시총 30위에도 못 들어오는 규모였습니다. 코스닥은 시총 상위 대형주도 가격 변동력이 매우 큰데, 바이오섹터가 많기 때문입니다. 시총 1, 2위가 상한가, 하한가를 가는 경우도 있으니 얼마나 변동성이 큰지 짐작하게 합니다.

대형주를 매매하려면 시총 상위주들의 트렌드를 봐야 합니다. 섹터별로 함께 움직이는 경우가 많습니다. 그리고 동종업계에서 한 기업이 악재를 맞으면 반사이익을 받는 경우가 대부분입니다. 반면에 서로 반대로 움직이는 섹터들도 있습니다. 예를 들면 화장품과 여행사는 중국으로 묶여서 함께 움직이게 되고, 방산주와 남북경협주는 서로 반대로 움직이게 됩니다. 상호 관계가 있는 것이 주식 시장이므로 종목들의 특징들은 미리 꼼꼼하게 기록해둘 필요가 있습니다. 그리고 특히 시총 상위주들은 미국 시장, 중국 시장 흐름에 민감한 경우가 많습니다. 만약 전일 미국 필라델피아 반도체 지수가 급증하면 시총 상위 반도체주들이 시가부터 상승을 타고 시작하게 됩니다. 결국 시총 상위주들이 그 산업을 이끌어가면서 중형주 그리고 소형주에 영향을 줍니다.

코스닥 섹터별 대장주는 연관성으로 따지는 경우가 많습니다. 코스피 대형주는 사이즈별로 가는 경우가 많은데, 사실상 대형주 상승률과 중소형주 상승률을 같게 보는 건 무리가 있습니다. 예들 들면 대형주는 5% 상승하기도 매우 어렵습니다. 어느 날 시장이 3% 급등하자 대형주는 겨우 5% 상승하지만 중소형주는 10% 가까이 상승합니다. 그러나 반대로 시장이 5% 급락해도 대형주는 그렇게 많이 빠지지 않습니다. 반면에 중소형주는 투매장이 나오면 10% 이상씩 빠지는 건 다반사입니다. 다음 예시를 보면 같은 날 대형주와 중형주의 하락률 차이를 느낄 수 있습니다.

두 종목 다 같은 날이었고, 특별한 악재는 없이 시장이 폭락이 나
오던 날이었습니다. 대형주는 5.8% 하락했고, 소형주는 22.6% 하
락했습니다. 물론 상승할 때 중소형주는 상승률이 크나 하락 시 리

스크를 관리하기가 그리 용이하지는 않습니다. 그러나 중요한 것은 모두 탑다운 방식으로 위에서부터 전해 내려진다는 것입니다. 항상 시총 상위주에 대해 섹터별로 어느 정도 이해하고 있는 것이 대형주 투자에서는 기본이 됩니다. 대형주, 특히 시총 상위주들 흐름을 꿰차고 있으면 시장이 보이고, 나아가서는 글로벌 시장도 보입니다. 물론 글로벌 시장부터 보고 우리의 시장에 대한 이해를 넓히는 것이 순서이지만, 공부를 할 때는 어떤 방향인가는 크게 중요하지 않습니다. 이제 시총 상위주들의 특성과 흐름을 보면서 매매할 준비는 된 것입니다.

07
대형주는 실적인가,
재료인가?

흔히 투자를 할 때 이런 말을 많이 합니다. '실적이 먼저냐, 재료가 먼저냐.' 물론 실적도 좋고 재료도 좋으면 최상이겠지만 모든 종목이 그럴 수는 없는 것입니다. 특히 대형주들은 대부분 어느 정도 규모의 매출과 영업이익이 있습니다. 그러나 주식 시장에서 좋아하는 흐름은 성장성입니다. 매년 매출 1조 원에 영업이익 1,000억 원을 꾸준히 하는 회사보다는 매출 2,000억 원에 영업이익 200억 원인 기업이, 다음 해 예상 실적이 매출 3,000억 원에 영업이익 300억 원이 예상되는 기업에 더 기대를 하게 됩니다. 역시 마찬가지로 '성장성'에 주목하는 것입니다. 성장성이야말로 주식 시장에서 가장 큰 재료라고 할 수 있습니다. 두 기업의 재무제표를 예로 들어보겠습니다.

IFRS(연결)	Annual				Net Quarter			
	2017/12	2018/12	2019/12	2020/12(E)📶	2019/09	2019/12	2020/03	2020/06(E)📶
매출액	230	362	384		91	125	120	
영업이익	-261	-293	-487		-133	-141	-62	
영업이익(발표기준)	-261	-293	-487		-133	-141	-62	
당기순이익	-213	135	-597		155	130	-136	

IFRS(연결)	Annual				Net Quarter			
	2017/12	2018/12	2019/12	2020/12(E)📶	2019/09	2019/12	2020/03	2020/06(E)📶
매출액	5,439	5,454	5,470		1,316	1,499	1,260	
영업이익	372	270	265		60	79	58	
영업이익(발표기준)	372	270	265		60	79	58	
당기순이익	191	113	135		55	-17	42	

　위쪽 기업은 어떻게 기업이 유지될까라는 의구심이 들 정도로 실적이 좋지 않습니다. 매출 이상의 손실을 내고 있는 기업입니다. 반면에 아래쪽 기업은 꾸준한 매출과 영업이익을 찍고 있습니다. 그러나 위의 기업은 코스닥 시총 3위의 기업이고, 시가총액 4조 6,000억 원입니다. 아래 기업은 꾸준한 실적에도 시가총액 1,300억 원의 소형주입니다. 고무제품을 생산하는 업체인데 성장성이 좋지 않습니다. 위의 기업은 바이오 신약개발 업체로 임상 3상을 진행 중입니다. 물론 임상 3상이 성공률도 높지 않고, 신약개발까지의 길이 순탄하지 않습니다. 그래도 기대감으로 시총 3위까지 올라간 것입니다. 개발이 성공해서 제품화된다면 소위 대박을 친다는 의미입니다. 이것이 바로 주식이 지닌 재료라고 할 수 있습니다.

　대형주는 그것보다 조금 더 복잡합니다. 실적도 기본 베이스로 깔고 가야 하고, 성장성보다는 업황과 차기 실적에 대한 기대감이 있어야 합니다. 물론 재료도 중요한데 인수 합병, 신사업, 그리고 글로벌 업황도 매우 중요한 재료가 됩니다. 삼성SDI는 2차전지 분야에서 LG화학에 글로벌 시장에서의 위치도 그렇고 다방면에서 밀립니다. 그러나 삼성SDI가 먼저 신고가를 갱신하며 시총도 3계단만 뒤처졌을 뿐 큰 차이가 나지 않습니다. 학창시절에 보면 늘 1등 하던 학생이 2등 하면 상당히 낙담하고, 주변에서도 무슨 문제가 생겼나 걱정합니다. 그러나 5등 하던 학생이 1등을 하면 혹시 '어쩌다'가 아닐까 모두 의구심을 갖게 됩니다. 그러다가 다음 시험에서도 1등을 하면 그제야 다음번에도 기대를 받게 됩니다.

대형주 사이에서도 등수가 존재하고, 때로는 그것이 역전되기도 합니다. 대형주는 실적과 재료 모두 겸비해야 하지만 결국 대형주도 포지션 싸움입니다. 어느 포지션에서 어떤 리포트가 나오고 메이저급 수급에 선택을 받느냐가 승패를 좌우하게 됩니다. 특히 대형주를 매매하면서는 이러한 실적과 재료를 잘 파악하고 정확한 포지션을 잡는 것이 대형주 매매 성공의 열쇠가 되는 것입니다.

4장

때로는
빠른 수익도 필요하다
- 데이트레이딩

Pro Trader

01
데이트레이딩
준비 과정

우리가 흔히 말하는 데이트레이딩, 즉 단타를 공부할 시간입니다. 단타는 하루나 이틀간 짧은 시간에 매매를 완료하는 것을 의미합니다. 오전에 매수해서 오후에 매도하거나, 종가 무렵에 사서 익일 매도하는 것도 보통 데이트레이딩이라고 합니다. 데이트레이딩의 장점은 시장 리스크에서 자유롭다는 것입니다. 가끔 좋은 흐름의 종목이 글로벌 증시 폭락으로 차트가 망가지는 경우를 많이 봤을 것입니다. 데이트레이딩은 짧게 끊어서 매매함으로써 시장 악재에서 자유롭습니다. 단점으로는 잦은 손절이 발생할 수 있다는 점이고, 큰 흐름의 수익을 내지 못할 경우가 발생한다는 것입니다.

데이트레이딩도 많은 스킬이 필요하고, 빠른 손과 경험도 필요합니다. 그러나 이것도 공식화된 기법을 사용하면 오히려 편하게 매매할 수 있게 됩니다. 뒤에서 이러한 방법들에 대해 구체적으로 이야기하겠지만, 일단 단타를 할 수 있는 조건부터 이야기하겠습니다. 직장생활에 짬짬이 매매를 하는 분들은 데이트레이딩을 하지 않는 게 낫습니다. 제가 강의에서 많이 하는 말이 있습니다. 데이트 레이딩을 잘못하면 주식도 망하고 직장생활도 망한다는 것입니다. 데이트레이딩은 주식창을 적어도 자주 볼 수 있는 분들이 하는 게 좋습니다. 데이트레이딩으로 인생을 바꾸지는 못하지만 실수하면 인생이 바뀔 수도 있다는 점을 알아야 합니다.

대부분 급등주들을 고점에서 무리하게 따라 했다가 큰 낭패를 보며 좌절했던 경험이 있을 것입니다. 그 종목들을 복기해보면 모두 고점에서 거래량이 터질 때 매매를 했을 테고, 세력의 기가 막힌 유혹을 이겨내지 못하고 매수에 참여했을 것입니다. 소액 단타 매매로 들어간 종목이 연이은 추가매수를 감행하면서 비중이 매우 커지고, 나중에는 감당하지 못할 수렁으로 빠지게 됩니다. 다음 예를 보면 제 말이 무슨 뜻인지 공감할 것입니다.

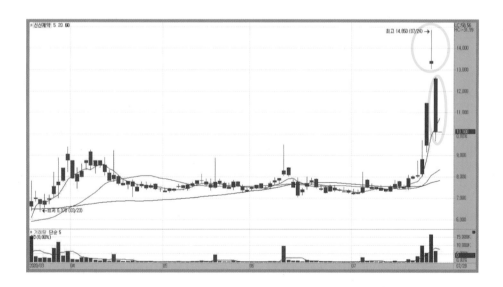

다음 그림의 종목은 고점인 날에 상한가에 안착했다가 장 종료 5분 전에 상한가가 풀리면서 크게 하락했던 종목입니다. 그다음 날도 장중 -27%를 기록하기도 하면서 추격 매수를 했던 개인 투자자들에게 큰 손실을 안겨주었습니다. 분봉 차트를 보면서 한 가지 설명하도록 하겠습니다.

상한가가 장 종료 직전에 풀리면 매물이 쏟아질 수 있다는 증거입니다. 세력들은 자비가 없고 항상 개인들을 유혹하고, 안심시킨 다음 뒤통수를 칩니다. 그들도 그들의 일에 충실한 것입니다. 개인 매매자는 세력의 그런 징조에 대피하는 수밖에는 방법이 없습니다. 데이트레이딩을 시작하기에 앞서 다음과 같이 몇 가지 당부를 하고 싶습니다.

- 데이트레이딩에 너무 욕심내지 말고 비중은 부담가지 않는 한 도로 합니다.
- 데이트레이딩 시에는 반드시 원칙을 세우고 그 원칙을 지킵니다.
- 절대로 감에 의존하지 말고 눈에 보이는 현상에 대응합니다.
- 수익이 나고 추가 상승하는 것에 대한 미련을 갖지 않습니다.

자, 이제 시작할 준비가 되었으면 데이트레이딩에 대한 자세한 내용을 본격적으로 공부해보도록 하겠습니다.

02
데이트레이딩
종목 선정

    데이트레이딩의 종목을 선정하는 방법에 대해 알아보겠습니다. 아무 종목이나 할 수는 없고 몇 가지 조건들이 있어야 합니다. 제일 중요한 것은 봉의 길이가 길어야 한다는 것입니다. 봉의 길이가 길다는 것은 변동성이 크다는 것을 의미합니다. 변동성이 커야 수익 구간이 발생하는데, 빠르게 수익이 발생하려면 단기 변동성이 커야 합니다. 그 다음은 거래량이 되겠습니다. 거래량이 많이 발생해야 제대로 탄력을 받고, 그래야 매수세들이 들어오게 됩니다. 다음의 그림을 보겠습니다.

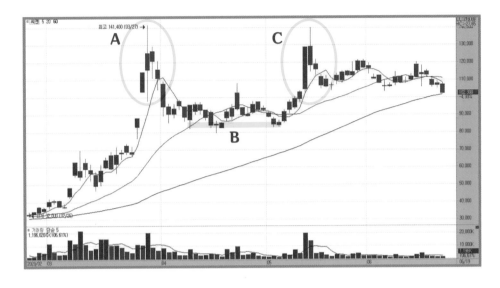

이 종목에서 B구간은 거래도 한산하고 변동성도 적습니다. 반면에 A와 C구간은 거래도 많고 변동폭도 상당히 큽니다. 즉 시장에서 먹잇감으로 발견되려면 변동성과 더불어 거래량이 많이 돌아야 한다는 것입니다. 거래량은 시장의 관심에서 제일 큰 척도가 됩니다. 양봉에서 데이트레이딩을 하는 경우도 있지만 하락 음봉에서 데이트레이딩을 하는 경우도 있습니다. 어느 경우에든 수익이 그 목적인 것은 변함이 없습니다. 그리고 특히 9시에서 9시 30분에 거래량이 터지면서 시장의 주목을 끄는 종목으로 선정해야 빠르게 수익을 내고 나올 수 있는 조건이 유리해집니다. 또한 익일을 위한 데이트레이딩, 즉 1박 2일 데이트레이딩을 위한 매수는 2시 이후가 좋습니다. 2시 이후에 거래량이 많이 터지는 종목은 윗꼬리가 달리기 시작하면 크게 밀리는 경향을 보이기 때문에 오후 2시 이후, 그리고 반발 매수세로 인한 아랫꼬리가 달리는지 확인할 필요가 있습니다. 다음 차트를 보겠습니다.

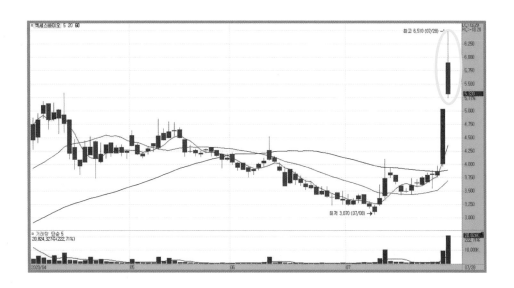

이 종목은 당일 상한가 직전 2호가 밑까지 갔다가 밀리는 흐름이
었습니다. 고점이 +29.42%, 종가는 +5.77%입니다. 고가 대비 24%
가 밀려 내려왔습니다. 그러면 주로 어떤 시간에 밀렸는지 체크해
보겠습니다.

오후 2시 이후부터 밀렸음을 확인할 수 있고, 2시 이후가 익일을 위한 가장 싸게 살 수 있는 포인트가 되는 것입니다. 빠지면 무턱대고 사는 게 아닙니다. 이제 그 방법들을 자세히 살펴보겠습니다.

03
분봉 차트를 이용한
단타

먼저 분봉 차트를 이용한 단타가 흔히 가장 많이 쓰이는 방법입니다. 분에서 추세나 파동의 폭발력 있는 캔들을 일단 기준으로 삼고, 그 기준으로 매매하는 방법입니다. 예시를 한번 보겠습니다.

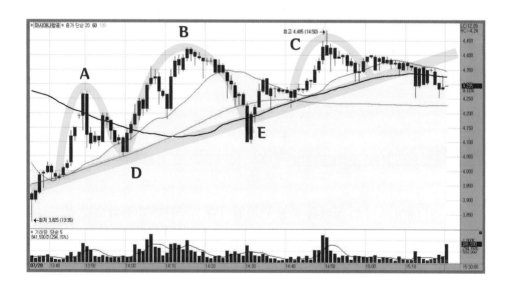

이 예시에서는 분봉으로 추세가 나왔음을 알 수 있습니다. A, B, C가 추세 상단 구간이고 D, E구간이 매수 구간이 됩니다. 추세선을 그을 수만 있으면 늦어도 E구간에서는 매수가 가능합니다. D구간 바로 전 저가에서는 확인하는 것이 더 바람직하기에 매수 포인트 로는 확실하지 않습니다. A구간이 꺾이는 것을 확인하고 D구간에 서 매수하고, B구간에서 고가를 높였으나 꺾이는 힘이 나오면 매도를 완료하는 것도 좋습니다. C구간은 마감 시간이 다가오면서 매도 압박이 커질 수 있기 때문에 매도로 대응하는 것이 바람직합니다. 다른 예를 보겠습니다.

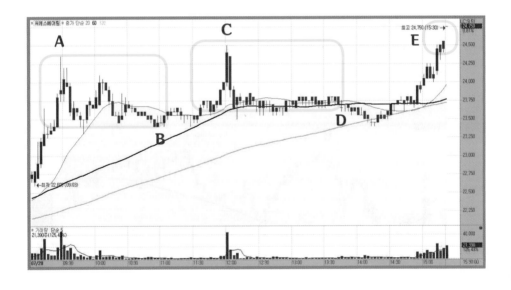

이 예시는 박스 형태의 분봉 단타입니다. A구간까지 올라오는 것은 눈으로 확인합니다. 그리고 조정이 오는데, B구간이 단기 저점을 3회 지지하므로 매수 가능이 됩니다. 그리고 C구간은 A지점 고

가를 돌파하는데, 돌파하는 순간 절반은 수익 실현이 되어야 합니다. 왜냐하면 단타이기 때문입니다. 나머지 절반은 A구간 고가와 비교해서 한 호가라도 내려오면 미련 없이 수익 실현을 합니다. 다음 D구간에서 다시 신규 매수를 할 수 있는데, 이때는 내일 오전까지 보겠다는 마음가짐이 필요합니다. 시간이 오후 1시30분이 지나고 있기 때문입니다. 그러나 E구간에서 C구간 고점을 높입니다. 당연히 절반은 또 매도되어야 하고, 장 후반에 강한 흐름이므로 절반은 내일 오전까지 보는 홀딩 전략도 나쁘지 않습니다. 분봉 데이트 레이딩은 일단 경험이 많아야 하고, 장 중 분봉의 변화는 생각보다 변화무쌍하지 않을 수 있으므로 조정 구간에서 흔들릴 수도 있습니다. 그러나 경험이 곧 실력이기도 하지만, 다른 방법을 많이 안다면 굳이 분봉 단타를 선택하지 않을 가능성이 있습니다. 다음 기법을 보면 그 이유가 이해되실 것입니다.

04
틱 차트를 이용한
단타

틱은 한 번의 거래를 의미합니다. 분봉 차트는 해당 시간 안에 일어나는 가격과 거래를 의미하는 시간적 측면이라면 틱 차트는 정해놓은 범위 안에서 발생되는 가격과 거래를 측정하는 공간적인 측면의 시각입니다. 즉, 틱이 활발해지는 지역은 그 길이가 길어지므로 어디서 매매가 활성화되었는지 분석하기가 쉽습니다. 예시를 통해 살피기 전에 먼저 틱 차트에서 단타를 하려면 일목균형표, 매물대 차트, MACD 오실레이터를 설정해놓고 하는 것이 바람직합니다. 틱 차트에서 거래량만으로는 판단이 어려워 매물대를 넣어야 하고, 일목균형표는 돌파를 가늠할 때 사용됩니다. MACD 오실레이터는 변환을 참고하기 위해 일단 설정해두는 것이 좋습니다.

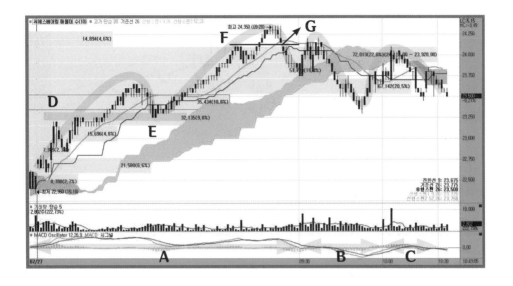

　　A, B, C의 세 구간의 길이가 전부 다릅니다. 이것은 A구간에서 더욱더 거래의 빈도수가 많이 발생했다는 의미가 됩니다. 여기서 중요한 것은 빈도가 많은 것이지 반드시 거래량이 많다는 의미는 아니라는 것입니다. 1주 거래도 1틱이지만, 한 번에 10만주를 누가 매도해도 1틱이라는 게 함정입니다. 매수 구간은 D의 돌파 구간을 지지한 E구간이 됩니다. 기회는 그리 길지 않습니다. 매도 구간은 F 고점을 이탈한 G구간이 되겠습니다. 틱 차트를 이용한 단타는 무조건 눈에 보이는 정석대로 해야 합니다. 공식이 쉬운 만큼 똑같이 해야만 승률이 높아집니다. 다음 구간은 기울기가 줄어들기 때문에 매수 공략법은 또 달라지는데, 이것은 뒤에서 설명할 틱박스 기법에서 다루겠습니다. 다른 예시를 하나 더 보겠습니다.

　이 종목은 박스와 파동이 섞여 있습니다. A구간은 고점을 2번만 확인한 박스구간이고 B와 C는 파동이라고 볼 수 있습니다. 매수 구간은 박스 돌파를 실패했으나 이전 저점을 이탈하지 않고 삼양봉이 나온 자리입니다. 그리고 박스를 돌파했기 때문에 박스 한 칸만큼 올라갈 가능성이 큽니다. B파동과 C파동에서 매도가 가능한데, 이 매도 방법도 틱박스에서 자세히 다루겠습니다. 틱에서 박스, 추세, 파동만 찾아낼 줄 알면 틱 차트 단타가 분봉 차트 단타보다 훨씬 더 쉽다는 것을 알게 됩니다.

05
당일 매물대를 이용한
단타

　이 방법은 상당히 단순한 형태로 진행할 수 있습니다. 가장 쉬운 방법이기도 하지만 정확성은 틱 단타보다 떨어지며 정교함도 적습니다. 그러나 되돌림 법칙을 이해하고 응용하는 데 이만큼 확실한 방법도 없습니다. 매물대는 그 자리에서 얼마나 거래가 활발했는지를 보여주고, 그러면서 어느 가격대가 지지될 것인지, 또한 저항이 될 것인지를 알게 해줍니다. 매물대가 큰 지역에 주가가 형성되고 있으면 그 자리를 깔고 앉았다고 표현하며, 튼튼한 지지대가 됩니다. 반대로 상단에 매물대가 두텁고 주가는 그 아래 있으면 매물대 저항이 강함을 알 수 있게 되는 것입니다. 예를 먼저 보겠습니다.

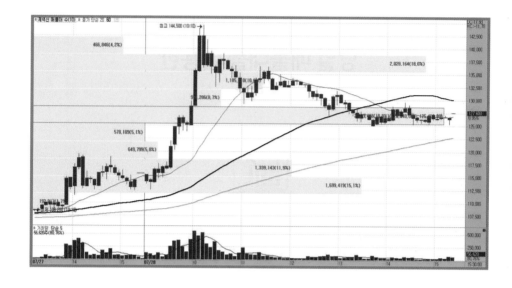

　이 경우 125,000원에서 129,000원 사이 매물이 가장 많이 분포
되어 있어 그 자리가 지지되면서 종가를 형성한 케이스입니다. 상
대적으로 위의 두 칸은 매물대가 적고, 그 위 세 번째 매물대인
136,000원 매물은 상대적으로 두텁게 됩니다. 이곳이 상승할 때 1
차 저항이 될 것임을 예견해주는 것입니다. 세 번째 매물대까지는
큰 저항 없이 올라갈 가능성이 높은데, 다시 말하면 적은 거래량으
로도 그 자리까지는 수월하게 움직인다는 의미가 됩니다.

　하방으로는 아래 두 칸이 또 상대적으로 매물대가 적고 그 아래
두 칸인 118,000원에서 110,000원까지 매물이 단단함을 알 수 있
습니다. 그 두 칸이 강력한 지지점이 될 것입니다. 역시 현재 가격
대 바로 두 칸의 매물은 상대적으로 헐거워서 빠르게 내려갈 가능
성이 큽니다. 내일 이 매물대를 토대로 매매한다면 어떤 전략을 구
사하면 될까요? 다음 차트를 보겠습니다.

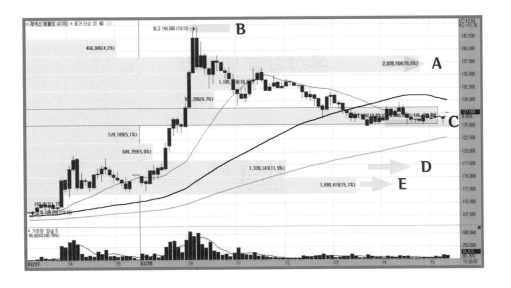

　매수는 시초가 매수로 C구간도 가능합니다. 그러나 단타도 분할 매수는 기본입니다. C, D구간이 지지라고 했기 때문에 그 자리에 당연히 다음 매수를 깔아두는 것은 기본이 될 것입니다. C, D구간 까지 내려왔다면 다시 C구간으로 되돌림이 나오면 절반은 당연히 매도해야 합니다. 다음 자리가 A구간이고 저항이 되는 자리입니다. 저항 돌파를 기대해도 되고, 미리 저항가에 절반 정도는 매도를 걸어두어도 됩니다. 단타에 올인하며 인생을 걸 이유는 없기 때문입니다. A구간을 돌파하면 B구간 돌파 여부만 체크하고 돌파하지 못하면 전량 매도로 대응하면 됩니다. 물론 E구간을 완전히 이탈하면 손절로 리스크 관리를 해야 한다는 것도 잊어서는 안 됩니다. 이것은 매물대의 기준이므로 매우 정교한 맛은 없다고 서두에 이야기했습니다. 그러나 눈대중으로 하기에는 상당히 편리한 기법입니다.

06
호가창을 이용한
단타

　저도 한때는 선호했던 방법 중 하나입니다. 제가 아는 분 중에도 호가창만 보고 매매를 하는 분이 있었습니다. 그분과 만나서 이야기를 하는데, 서로 관점이 비슷했고 방법도 그리 차이가 없었습니다. 상당히 간단한 방법이면서 글로 표현하기도 힘들고, 말로 표현하기도 힘든 것이 호가창입니다. 영상 강의나 장중 라이브 방송을 상당히 많이 하는 저도 호가창 강의에서는 뭔가 말로 표현하지 못하는 '그것'이 존재함을 매번 느낍니다. 두 개의 호가창을 일단 비교해보겠습니다.

37,700 ▲	3,050	+8.80%	3,080,838	677.05%
증감	37,750	37,700	113,389	6.28%

증감		KOSDAQ150	
2,025	38,200	35,300 시	투
1,583	38,150	37,900 고	거
1,744	38,100	35,100 저	외
6,112	38,050	34,650 기준	일
36,098	38,000	45,000 상	
7,322	37,950	24,300 하	차
13,246	37,900	106 비용	뉴
11,386	37,850	37,700 예상	권
8,303	37,800	50,864 수량	
6,227	37,750	▲ 3,050 +8.80%	기
37,700	1	37,700	45
37,700	100	37,650	2,573
37,700	62	37,600	1,319
37,700	22	37,550	2,439
37,700	38	37,500	4,079
37,700	2	37,450	2,207
37,700	100	37,400	1,718
37,700	200	37,350	170
37,700	2	37,300	1,276
37,700	139	37,250	177
	94,046	15:59:59	16,003
		시간외	618	5

1,465 ▼	295	-16.76%	3,813,683	1,286.96
증감	1,470	1,465	5,966	14.50%

증감		KOSDAQ	
7,801	1,520	1,755 시	투
7,445	1,515	1,785 고	거
6,100	1,510	1,455 저	외
3,435	1,505	1,760 기준	일
268	1,500	2,285 상	
4,660	1,495	1,235 하	차
200	1,490	5 비용	뉴
7,176	1,485	1,465 예상	권
1,200	1,480	36,322 수량	
509	1,470	▼ 295 -16.76%	기
1,465	500	1,465	6,191
1,465	399	1,460	10,854
1,465	100	1,455	90,138
1,465	17	1,450	18,465
1,465	1	1,445	6,184
1,465	1	1,440	3,598
1,465	3,000	1,435	2,879
1,465	3	1,430	4,447
1,465	30	1,425	3,550
1,465	10	1,420	12,659
	38,794	16:00:00	158,965
	487	시간외	

먼저 위쪽은 장중에 양봉으로 상승한 종목의 호가창이고, 아래쪽은 음봉으로 하락한 종목의 호가창입니다. 먼저 위쪽의 종목은 대기매도 잔량 94,046주가 쌓여 있고, 대기매수 잔량은 16,003주입니다. 얼핏 봐서는 대기매도세가 강해서 올라가지 못할 것이라고 생각하지만, 반대로 생각됩니다. 이 종목을 끌어올리는 사람의 입장에서는 가까운 곳에 많은 물량을 많이 매수할 수 있다면? 불확실한 10개의 호가 위에 더 비싼 매물이 산재해 있다면? 핵심은 바로 대기매도세가 많고, 특정 가격에 몰려 있다면 좋고, 그 가격이 현재가와 가까우면 좋다는 것입니다. 즉 사는 사람 입장에서 수량이 많다는 것은 물량을 확보하기에 좋은 호가창이라는 의미입니다. 이렇게 상승하는 호가창을 고르는 비율은 매도대기가 3~5배 정도가 좋습니다. 매매 방법은 37,550원에 매수 주문을 넣어두는 것인데, 그 이유는 37,550원에 대기 매수세가 가장 많으므로 그 바로 전 호가인 37,550원에서 호가가 지지될 확률이 높기 때문입니다. 매도는 38,050원이 일단 유력합니다. 상승 양봉에서는 제일 큰 호가를 다 소화하고 내려갈 가능성이 있습니다. 적어도 절반은 정리하고 다음 호가창 배열을 지켜보는 매매법이 유효합니다.

아래쪽 호가창은 하락 호가창입니다. 하락 시 호가창은 반대로 대기매도 잔량이 적고 대기매수 잔량이 많은 것이 특징입니다. 호가창을 이용한 매매는 제일 많은 매물이 포진된 곳은 깨질 확률이 높다는 것을 알아두고, 오히려 그것을 이용하는 것입니다. 이 예시에서는 1,420원까지 기다리는 매수가 바람직한데, 1,455원의 9만주 호가는 깨질 확률이 매우 높기 때문입니다. 음봉 단타는 결국 아랫꼬리를 다는 흐름으로 매수를 하는 것입니다. 최대한 1차 지지선

보다는 매수가 안 되더라도 2차 지지선에 매수를 하는 것이 성공률이 높습니다. 단타에서 사실 매우 중요한 것은 첫 매수이기 때문입니다. 호가창 단타는 주로 스캘핑에서 많이 쓰이고, 상당히 많은 경험이 필요하기도 하고, 감도 좋아야 하며, 손도 빨라야 그 성공률이 높다고 하겠습니다.

07
일목균형표를 이용한
단타

일목균형표를 위한 단타는 틱 차트에서 하게 됩니다. 이것은 일목균형표에서 구름대를 뚫으려는 성질을 이용한 매매 기법입니다. 일단 예를 보면서 설명을 이어가겠습니다.

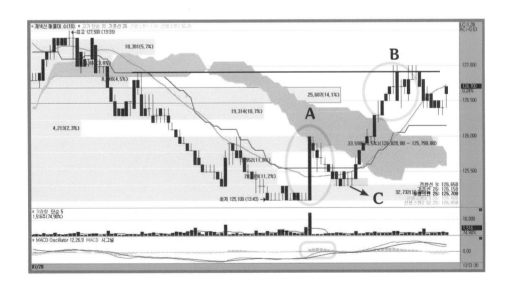

선행스팬 1, 9, 26이 주황색이고 선행스팬 2, 52, 26이 하늘색입니다. 채우기로 차트를 설정하면 됩니다. 일단 주황구름 이탈을 확인합니다. 그리고 주가가 내려가면서 자연스럽게 하늘색 구름이 두터워지게 됩니다. 틱 차트의 일목균형표에서는 구름이 바뀌면서 하늘색 구름을 돌파하려는 성질을 가지게 됩니다. 일봉 차트에서 일목균형표의 특징을 응용한 매매 기법입니다. 우리가 가끔 코스닥 종목들 중에서 1주 매수, 1주 매도가 계속 반복되는 현상을 봤을 것입니다. 그것이 바로 틱을 빠르게 소화시키기 위한 고의적인 현상과 틱 차트에서 일목균형표와 완벽하게 일치합니다. 물론 하늘색 구름을 돌파하기 위해서 이런 형태가 꼭 나온다는 것은 아니고 구름대와 멀리 있을 때 빨리 접근시키는 세력들의 방법이라는 것입니다. A구간에서 돌파 시도를 확인하는데, 구름 하단에서 밀려 내려오고 있습니다. 내려오고 다시 꺾어 올라가는 C는 매수 구간이 됩니다. 그리고 바로 돌파를 성공하는 모습을 보이고 B구간은 절반이라도 매도해야 하는 구간인데, 바로 이전 꺾였던 고점 부근이기 때문에 자동으로 수익 실현을 해야 한다는 것은 이제 잘 알리라 생각됩니다. 다음에는 실패할 경우를 볼 텐데, 그 이유는 일목균형표를 이용한 틱 차트 단타는 여러 가지 경우를 혼합해야 한다는 의미에서 예를 들어보는 것이고, 7장 틱 차트 단타에서 이 기법은 완성된다는 것을 미리 말씀드립니다. 그러면 차트를 한번 보겠습니다.

　　A구간에서 돌파 시도가 일어났지만 B구간에서 구름 상단 돌파를 실패합니다. 횡보를 하면서 주황구름이 나오고, 다시 강한 저항에 부딪치며 C구간으로 다시 이전 저점을 확인하게 됩니다. 이런 경우가 상당히 애매한데, 결론은 추가적으로 몇 호가 더 빠지고 다시 급반등했습니다. 역시 일목균형표를 이용한 틱 차트 단타도 한 번 매수로는 안 된다는 이야기이고, 적어도 두 번에 걸친 분할 매수 정도는 기본이라는 것입니다. 이후에 어떻게 되었는지 궁금하지 않습니까? 일단 차트를 보겠습니다.

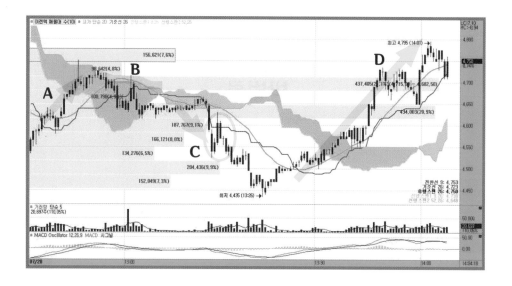

아까 A, B, C 구간 이후에 추가 하락이 나오고 바로 D구간이 나
왔음을 알 수 있습니다. 물론 이것도 휩소라고 볼 수도 있지만 일
봉 차트와 틱 차트를 길게 보면 또 다른 해석이 나오게 됩니다. 결
국 단타 기법들은 하나를 쓰는 게 아니고 복합적으로 보면 더 효과
적으로 해석됩니다. 그리고 자신만의 방법을 찾아가게 되는데, 제
가 전수했던 제자들도 서로 선호하는 방법들이 달랐습니다. 그래
도 공통분모는 확실하게 있었습니다. 여러분도 이 책을 다 읽을 때
쯤에는 자신이 선호하는 기법을 찾게 될 것입니다.

08
급등주 잡는
방법론

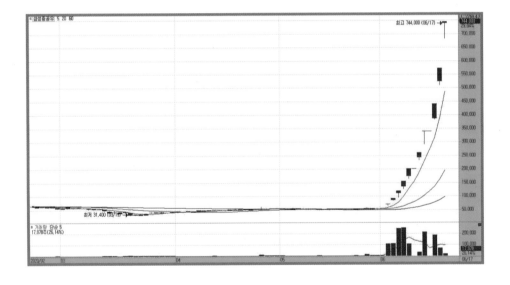

이런 종목을 잡는 것은 모든 주식인의 꿈이 아닐까요? 추격 매수를 하자니 부담스럽고, 기다리고 있으면 날아가버립니다. 결국 매수되는 날은 무척 힘든 날이 됩니다. 다음 차트를 보면 공감할 것입니다. 그 이후의 차트입니다.

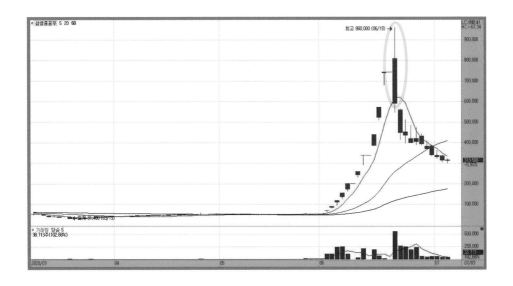

　결국 노란색 원으로 표시한 날에 매수하는 경우가 많습니다. 그 이유는 바로 매수 기회를 주기 때문입니다. 이전에 강력한 상승갭과 휘몰아치는 수급으로 상한가를 가버리면 매수하기가 쉽지 않습니다. 매수되는 날은 크게 상승하는 것까지 확인하고 저 종목을 안 사면 왠지 시장에서 소외당할 거라는 공포감까지 밀려옵니다. 그러다 세력의 차익 실현 물량이 나오면서 매수가 되고, 매수가 되는 정도가 아니라 하한가 근처까지 밀려 내려옵니다. 추가로 하락하는 것은 말할 필요도 없습니다. 세력은 봉사단체가 아니라고 말씀 드렸습니다. 적어도 각도가 큰 급등주는 짧은 이평선으로 대응해야 합니다. 급등주를 잡는 기법은 따로 있는데, 이것도 뒤에서 다루도록 하겠습니다. 차트에서 3일선, 5일선만 놓고 차트를 보면 어느 정도 답이 나옵니다.

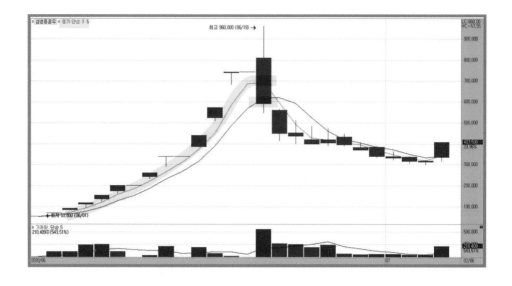

　　급등 기간에 3일선 지지를 완벽히 해냅니다. 결국 3연속 상한가
를 봤다면 3일선과 5일선에 분할 매수를 걸어볼 만하다는 것입니
다. 매도는 이탈하는 날 분할로 하면 됩니다. 즉 3일선 이탈에 절
반, 5일선 이탈에 절반입니다. 그러나 상한가만 쫓는 추격 매수자
에게는 거래량이 크게 터진 음봉만이 기다리고 있습니다. 눈대중
으로 매수한 결과이고, 어디서 반등이 나오는지는 뒤에 리바운딩
기법에서 자세히 공부해보겠습니다. 여기까지만 봐도 알겠지만, 앞
으로 상한가로 갈 거라고 짐작으로 매수하는 예측은 금물이란 것
을 명심해야 합니다.

09
스캘핑
백전백승법

스캘핑의 경우 직장을 다니는 분들에게는 권하지 않습니다. 그러나 호가창을 실시간으로 잘 볼 수 있는 분들에게는 오히려 가르치기도 합니다. 물론 실전에서 어느 정도 쓸 수 있기까지는 연습을 해야 합니다. 소량으로 매매하면서 그 감각을 익혀나가야 합니다. 그러나 아무리 숙달되어도 금액이 커지면 흔들리는 경우는 많습니다. 그걸 굳이 이겨내라고 하지는 않습니다. 사람이라면 당연히 느끼는 인지상정 아니겠습니까? 스캘핑은 그야말로 호가띠기나 다름없습니다. 순간에 들어오는 수급을 통해서 매수를 해 짧게 수익을 내는 것을 말합니다. 그럼 예시 호가창을 한번 보겠습니다.

1,460 ▲	250	+20.66%	16,311,976	6,014.74
증감	1,460	1,455	23,802	21.15%
	22,993	1,505	KOSDAQ	투
	185,599	1,500	1,210 시	거
	70,925	1,495	1,560 고	외
	43,672	1,490	1,195 저	일
	30,394	1,485	1,210 기준	
			1,570 상	차
	31,454	1,480	850 하	뉴
	15,643	1,475	5 비용	
	21,310	1,470	1,475 예상	권
	17,345	1,465	305,401 수량	
23	10,019	1,460	▲ 265 +21.90%	기
1,460	1	1,455	20,674	22
1,460	20	1,450	43,337	
1,460	1	1,445	21,538	
1,460	22	1,440	31,598	
1,455	1	1,435	37,707	
1,460	20	1,430	26,182	
1,460	1	1,425	18,162	
1,455	1	1,420	33,858	
1,460	1	1,415	33,099	
1,460	1	1,410	46,985	
23	449,354	11:00:58	313,140	22
		시간외		

　　이 종목은 거래량이 폭발하면서 20% 상승하고 있습니다. 당연히 수급이 더 들어와서 수익을 낼 것을 목표로 매수합니다. 이럴 때 2가지 케이스가 있는데, 하나는 잔수급으로 호가를 왔다갔다할 때 매수 방법과 뭉텅이로 크게 들어오는 수급이 올 때 방법입니다. 잔수급 호가치기가 나오면 바로 1,455원에 매수를 걸고, 1,460원 호가가 1,455원 호가에 4분의 1 잔량이 남으면 현재가로 매수합니다. 그리고 목표가는 1,475~1,480원, 즉 떨고 있는 호가 4개 정도입니다. 그야말로 짧게 수익을 내는 스캘핑입니다.

　　뭉텅이 수급이 들어올 때는 몇 천 주 단위로 끌어당겨 산다면 호가가 제일 많이 쌓인 1,500원까지 갈 확률이 높아집니다. 조금이라도 미달할 기운이 있다면 바로 매도하는 게 스캘핑에 순응하는 길입니다. 스캘핑은 철저하게 냉정해야 하고 눈에 보이는 것만 믿고

행동해야 합니다. 앞서 예시는 상승 호가에서 스캘핑이고, 이번에
는 하락 호가에서 스캘핑의 예시도 보겠습니다. 우리가 항상 상승
종목만 매수하는 것도 아니고, 폭락장에서 스캘핑은 또 쏠쏠히 수
익을 안겨주기도 합니다. 물론 과대 낙폭 반등을 노리는 것이고, 그
폭은 짧게 가져가야 합니다. 조금만 더 보려는 욕심이 큰 화를 불
러일으킬 수도 있습니다. 조금 사려다 판이 커져서 낭패를 보는 경
우가 많을 텐데, 잠시 호가띠기를 하다가 그렇게 되는 경우를 아마
도 많이 경험했을 것입니다. 하락 스캘핑은 더욱더 조심스럽게 진
행해야 합니다.

증감		661 ▼	43	−6.11%	4,076,938	90.39%
증감		663	661		2,754	3.02%
	550		677	KOSDAQ		투
	2,699		676	680 시		거
	50		675	702 고		외
	20		673	658 저		일
	3,990		672	704 기준		
	660		670	915 상		차
	500		669	493 하		뉴
	1,428		668	2 비용		권
	3,200		667	661 예상		기
	150		663	83,830 수량		
			▼ 43	−6.11%		
661	100 ^		661	33,945		
661	150		660	93,531		
661	83,830		659	7,142		
667	500		658	47,256		
667	1		657	20,297		
667	1		656	11,095		
668	4		655	29,106		
668	4		654	1,362		
668	4		653	1,108		
667	1 ˅		652	1,893		
	13,247	16:00:00 시간외		246,735 7,343		

　하락 스캘핑은 일단 큰 매물이 있는 호가가 완전히 깨지는 것부
터 관찰해야 합니다. 그 호가가 깨지고 그다음 매물이 많은 호가가

깨지면서 일시적인 반등을 하는 경우가 많습니다. 음봉 호가는 미리 선주문을 넣는 것보다 긴급하게 대처하는 방식의 매매가 낫고, 시장가로 사버리는 과감성도 필요합니다. 보통 낙폭이 크면 낙폭과대 매매자들과 기존 매수자들의 추가 매수 물량이 쏠리는 지역이 많습니다. 일단 평이하게 이평선에 걸리는 지역을 유심히 볼 필요가 있고, 각도가 있던 주식의 경우에는 3일선이나 5일선 같은 지역에서 급락이 일어나면 오히려 매수를 시도하는 게 좋습니다. 앞서 호가창에서는 660원과 658원이 핵심 자리인데, 이 자리가 깨지고 어떻게 다시 호가창이 만들어지는지가 관건입니다. 하락 호가에서 스캘핑은 고난도의 기술이 필요하고, 잦은 손절이 발생할 수도 있습니다. 일단 특징만 알아두는 것도 도움이 될 것입니다.

10
종가 매매를 통한
익일 단타

    종가를 이용해 매수하고, 다음 날 좋은 흐름을 타는 매수 방법을 '종가 매매' 또는 '종가 베팅'이라고 합니다. 크게 2가지인데, 상승하다 만 종목, 끝까지 상승한 종목입니다. 즉 하나는 상승하다 윗꼬리를 달면서 매물대가 생긴 유형이고, 나머지 하나는 상한가를 갔거나 윗꼬리가 거의 없는 상태를 말합니다. 두 스타일 모두 다음 날 상승갭의 가능성이 높은 것에 기대를 거는 것입니다. 두 가지 패턴을 일단 차트를 통해 보겠습니다.

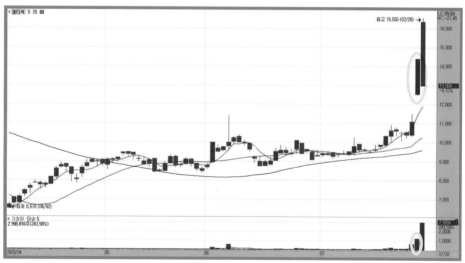

첫 번째 예는 윗꼬리를 단 종목을을 종가에 매수하는 방법입니다. 조건은 막판에 크게 밀린 형태보다 오후 2시부터 밀려 내려와서 3시 정도에는 오히려 거래량이 적어지는 스타일이 좋습니다. 이

것은 매물 출회가 적다는 의미고, 종가 무렵 매도 물량이 많아지는
것은 아무래도 저항이 심하다는 의미가 됩니다. 여기서라도 팔아
야겠다는 매물들이 나오는 것입니다. 3시 이후부터 큰 변동성이 없
으면 다음 날 좋은 흐름을 보이는 경우가 매우 많아서 종가에 매수
해볼 만한 방법입니다.

두 번째 예는 윗꼬리가 거의 없는 형태고, 역시나 익일 시초가 갭
이 매우 크게 나왔습니다. 시가가 거의 14%가 떴는데 왜 저렇게 밀
렸을까요? 16,550원에 대체 무슨 일이 있었는지 확인해보겠습니
다. 차트 이전 매물을 월봉 차트로 보면 간단하게 답이 나옵니다.
차트를 한번 보겠습니다.

2014년의 악성물량을 시작으로 의외로 상당히 많은 악성 매물이
존재하고 있습니다. 데이트레이딩이라고 이전 물량을 체크 안 한

다는 건 트레이더로서 기본 자질의 문제입니다. 항상 짧은 매매라도 지지와 저항은 반드시 체크하는 것을 습관화해야 합니다. 이상으로 데이트레이딩에 대해 마치고 정말 중요한 뻘라로에 대한 내용으로 넘어가겠습니다.

5장

백전백승의 최강주
뻘라로

Pro Trader

01
뻴라로란?

　뻴라로(Plat路)는 불어와 한문의 합성어입니다. 불어의 '접시'라는 뜻의 Plat와 한자의 길 로(路)가 합해진 단어로 접시+길, 즉 주식을 담아가는 길이라는 뜻입니다. 음식을 접시에 담는 행위는 매우 설레는 행동일 것입니다. 특히나 배가 고플 때는 더욱더 간절하고 설레는 일일 것입니다.

　뻴라로는 제가 직장 생활과 주식 매매를 병행하면서 몸소 체험하고, 연구하고, 밤을 새며 고민한 결과물입니다. '왜 뜻대로 주가가 흘러가지 않는 걸까?' 하는 의구심이 커졌고, '이 세계에는 어떤 공식이 있는 걸까?'라는 질문을 제 자신에게 수없이 했습니다. 무수히 많은 서적을 보고 강의를 보고도 몰랐던 이치들이 어느 순간 보이기 시작했는데, 역시 개인 투자자들에게는 수많은 차트를 보고 또 연구하는 것이 가장 좋은 방법입니다. 저도 많은 연구와 시행착오 끝에 뻴라로를 탄생시키게 되었습니다. 뻴라로는 제가 경험한 기법 중 가장 효과 있고, 쉽고, 안전한 기법이기도 합니다. 상당한 연습과 판단력이 요구되기는 하지만 제가 자세히 기술할 것이고 많은 예를 보고 익힌다면 매우 편안한 기법이 될 것입니다. 참고로 저에게 뽈라로만 배워간 분들도 이거 하나로 주식 투자 생활이 달라졌다며 잘 사용하고 계십니다.

뽈라로는 패턴에 따라 제가 이름을 지었습니다. 자세한 설명은 그 편에서 기술하겠습니다. 이름은 네 가지가 있는데 결국 네 개의 패턴이라고 보면 됩니다. 뽈라로 올레, 뽈라로 돌리, 뽈라로 펜싱, 뽈라로 이글루가 있습니다. 먼저 뽈라로 올레는 가장 안정적인 뽈라로이고, '올레'는 좋다는 뜻에서 따온 이름입니다. 뽈라로 돌리, 뽈라로 펜싱은 윗꼬리가 길게 발생한 경우들을 말하고, 캔들 모양이 펜싱칼처럼 생겼다고 해서 붙인 이름입니다. 뽈라로 돌리는 빠르게 하락하나 기회를 빨리 얻을 수 있는 패턴이고, 돌려 내려간다는 뜻으로 돌리라고 이름을 지었습니다. 마지막으로 이글루는 에스키모 얼음집입니다. 캔들 흐름 모양이 이글루처럼 올라갔다 내려오지만 결국 따뜻함을 주는, 제가 좋아하는 패턴입니다. 그럼 각각 네 가지 뽈라로의 모양을 감상해보면서 자세히 파고들어보겠습니다.

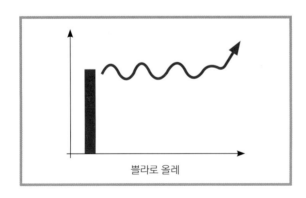

뽈라로 올레

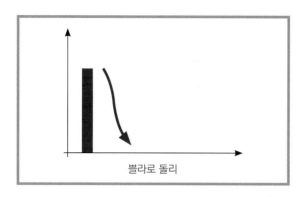

뿔라로 돌리

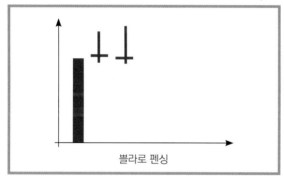

뿔라로 펜싱

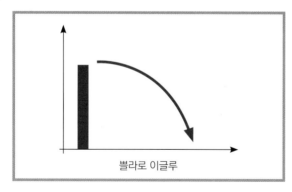

뿔라로 이글루

뻘라로 올레

뻘라로 올레는 거래량이 터진 장대양봉 형성 후 약한 조정으로 비슷한 저점을 형성하면서 횡보하게 되는 형태가 특징입니다. 뻘라로 펜싱 모양이 초반에 겹쳐서 나올 수 있으나 자주 출현하지는 않습니다. 또한 뻘라로 올레는 장대양봉 몸통의 윗부분 25% 아래로 침범하면 성립되지 않습니다. 만약 침범하고 아랫꼬리를 달고 반등해도 그 힘이 약해질 가능성이 매우 큽니다. 뻘라로 올레의 기본 조건은 다음과 같습니다.

첫째, 뻘라로 올레가 되기 위해서는 몸통이 길지 않아야 합니다. 몸통이 길어진다는 건 심리적인 측면에서는 매수세와 매도세의 의견 격차가 크다는 것입니다. 세력의 입장에서도 특정 가격대를 깨지 않아야 뻘라로 이후 단기 이평선 정배열 작업이 수월해집니다.

둘째, 뻘라로 올레가 되기 위해서는 조정이 20거래일을 넘어서는 안 됩니다. 보통 10거래일 전후로 2차 뻘라로를 만드는 경우가 많지만, 20일까지도 조정일이 나오는 경우가 있습니다. 보통 1차 매집이 어느 정도 되면 바로 들어올리는 경우도 많지만, 매집량이 부족할 때는 개인의 물량도 뺏고, 매집 2차를 위한 이평선 정리도 해야 하기 때문에 시간을 끄는 경우도 있으나 그 기간은 보통 20거래일을 넘기지 않습니다. 그럼 뽈라로 올레의 첫 번째 예를 보겠습니다.

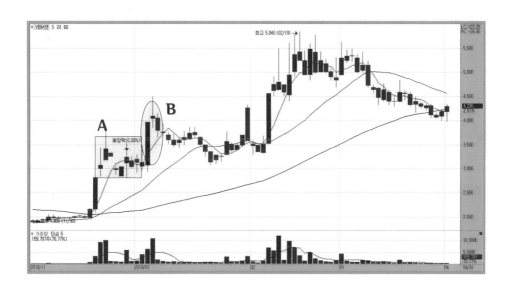

A구간을 보면 조정 이틀째에 뽈라로 펜싱과 비슷한 유형을 보입니다. 거래량도 제법 있습니다. 첫날부터 장대양봉 거래량 혹은 그 이상이 나오고 윗꼬리가 매우 길어야 뽈라로 펜싱이 성립됩니다. 뽈라로 올레에서는 몸통 길이가 짧은 것이 특징입니다. B구간을 보면 조정 캔들 고점을 종가상 넘어서면서 양봉 올레는 완성됩니다. 그리고 다시 장대양봉이 출현합니다. 그 이후 양봉 이글루가 출현합니다. 나중에 양봉 이글루에서 말하겠지만 양봉 이글루가 제

일 힘든 뻴라로 패턴입니다. 하지만 양봉 올레의 완성을 보면 다시 재상승의 결과를 얻을 수 있습니다. 두 번째 예를 살펴보겠습니다.

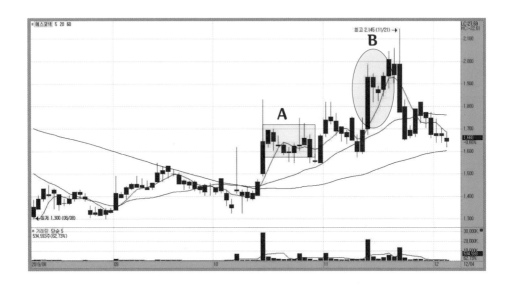

A구간을 보면 큰 변동성이 없는 조정을 보입니다. 앞에서 말한 것처럼 초반에는 장대양봉을 잘 훼손하지 않습니다. 이것도 7일째 조정에서 많은 거래량과 함께 윗꼬리를 달지만, 종가에서는 전날과 비슷한 가격대에서 마감합니다. 이것이 조정 중 매물 테스트입니다. 여기서는 세력이 위로 살짝 끌어올려봤다가 매수세가 잘 붙지 않자 그냥 방치해버린 것입니다. 만약 매도 물량을 풀어서 다시 받았다면 더 큰 거래량이 나오게 됩니다. 거래량에 대한 자세한 이야기도 뒤에서 다루겠습니다. 뻴라로 올레는 세력의 매집이 탄탄할 때 발생하고, 급등 방식으로 올리지 않고 계단식 상승일 때 자주 출현하는 경향을 보입니다.

03
뽈라로 돌리

뽈라로 올레에 이어서 뽈라로 돌리를 살펴보겠습니다. 뽈라로 돌리는 장대양봉 다음 날 더 많은 거래량으로 장대양봉의 75% 이상을 훼손한다는 것이 그 특징입니다. 주가가 바닥권이거나 하단 박스권 횡보 국면에서 자주 출현하는데, 그때 응용하면 효과가 극대화됩니다. 장대양봉 다음 날 단기 매매자들은 결국 다 손절하는 패턴이 되어버립니다. 그러면 뽈라로 돌리는 어떨 때 만들어질까요?

첫 번째는 큰 단기 이슈가 떠오르면서 해당 주식이 부각되는 경우입니다. 잘 아시다시피 매수세는 매수세를 불러일으키고 매도세는 매도를 더 불러일으킵니다. 하지만 매집의 개념에서는 단합이 되지 않는 개인 매매자들이 매집하는 것 자체가 불가능한 일입니다. 누군가는 가장 많은 유통물량을 보유하게 되는데, 이를 우리는 세력이라고 부릅니다. 그리고 이러한 세력은 반드시 존재하게 되어 있습니다. 어쨌든 단기 이슈로 장대양봉이 나왔으나 다음 날 그 이슈가 시장에서 차가운 반응을 얻으며 단발성으로 판명될 때 이런 현상이 나타납니다. 그러나 이 해석은 누가할까요? 세력은 분명 존재하고, 그들이 돌리라는 형태를 직접 만들게 되는 것입니다.

두 번째는 세력의 첫 번째 매집이 일어났을 경우입니다. 첫 번째 매집으로 충분한 수량을 확보하기란 불가능합니다. 그야말로 개인 매매자의 매수세를 가늠해보는 작업입니다. 얼마나 이슈에 민감한지, 얼마나 이 뉴스로 따라오는지, 얼마나 이 종목에 관심을 두는지 가늠합니다. 물론 이렇게 주가를 뒤흔들어야 시장에서 욕도 먹고 하면서 이름을 알리기 시작합니다. 그래야 나중에 또 그들이 매수에 가담하게 되겠죠? 또한 위로 살짝 수익 실현만 가볍게 해도 빠른 속도로 주가는 빠지면서 다음 현금을 돌릴 준비를 하게 됩니다. 그래야 더 낮은 가격으로 매집을 추가하기 때문입니다. 잘못 작업하면 다른 세력이라 붙어버릴 수도 있기 때문에 신중에 신중을 더합니다. 물론 그들은 이런 일에 선수입니다. 빨라로 돌리 패턴은 빠르게 회전하며 재매집하는 패턴이 되고, 빠른 힘을 발휘하는 경우가 많습니다.

세 번째는 온전히 개인 매매자들을 떼어내기 위한 경우입니다. 아직 드러나지 않은 재료를 가지고 있으면 더 많은 수량을 미리 확보해야 하기 때문에 극단적이게 고의로 주가를 하락시켜버립니다. 이 경우 초반에는 세력도 당연히 손실을 감수하면서 주가를 하락시키는 것입니다. 그들의 쓰디쓴 작업이 곧 달콤한 열매가 될 텐데, 그 정도는 감수하지 않을까요? 수량이 확보되어야 주가를 하락시키기도, 상승시키기도 편합니다.

이제 빨라로 돌리를 이용해 매매했을 때의 장단점을 알아보겠습니다. 먼저 장점은 효과적인 운용을 하면 낮은 단가로 대응할 수 있

다는 것입니다. 장대양봉 다음 날 매수만 잘하면 상당히 낮은 단가
에서 매수가 가능하고, 수익률이 빠르게 극대화될 수 있습니다. 또
한 수시로 불안정하게 주가 진폭이 커질 수 있어서 단기 대응을 잘
하는 사람은 오히려 잦은 트레이딩을 병행하면서 많은 수익을 올릴
수 있습니다. 단점으로는 고점에서 잘못 판단하면 세력이탈에 매수
로 대응할 수도 있다는 점인데, 파동만 잘 이해하면 이런 실수는 없
앨 수 있습니다. 그러면 뽈라로 돌리의 예를 보겠습니다.

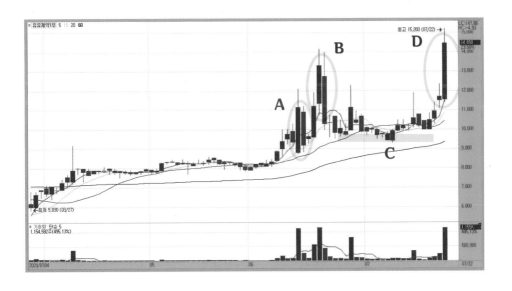

A구간을 보시면 역시나 장대음봉이 출현했고 다음 날 바로 장대
양봉을 잡아먹는 음봉이 나옵니다. B구간에서도 역시 뽈라로 돌리
가 발생합니다. 그러면서 C구간이 진행되는데, 거래량이 바닥입니
다. 두 번의 큰 장대음봉에도 물량이 더 쏟아져 나오지 않는다는 의
미가 됩니다. 하루 간격으로 주가 변화폭이 상당했음에도 불구하

고 거래량 절벽을 보이며 단봉으로 횡보한다는 것은 의미가 큽니다. 마음 급한 추격 매수자들이 가장 싫어하는 패턴은 빠르게 급락한 후 느린 반등입니다. 그리고 그 사이 몇 번 살짝 들어올리는 간보기 상승을 보이며 더 약을 올리고, 물량을 내놓으라고 재촉합니다. 몇 번 작은 고점을 보여주고 밀어버리면 다음에 올릴 때는 어김없이 물량을 내놓게 되는 심리입니다. 또 손해 보기는 싫고, 손실을 줄여서라도 나오겠다는 추격 매수자들의 심리를 이용하는 것입니다. 그리고 준비가 되면 D구간이 발생하고 주가는 천국으로 달려가게 되는 것입니다.

빨라로 돌리는 앞에서 배운 빨라로 올레와 다르게 심리적으로 대응하기가 매우 힘듭니다. 매수 포인트를 잘못 잡으면 스스로 포기해 손절하는 경우도 많습니다. 매수의 핵심은 앞 그림의 C구간이고 '러닝컬렉션'에 당하지 않아야 합니다. 러닝컬렉션이란 파동 이후의 눌림목과 같은 의미라고 보면 되고, 결국 추가로 달리기 위한 모음, 즉 매집 중 고의적인 시간 조정과 가격 조정을 의미하는 용어입니다.

장대양봉은 항상 며칠의 관찰이 필요하고, 침착하게 대응해야 합니다. 빨라로 돌리라는 패턴도 잘 이용하면 상당히 좋은 자리에서 매수해 큰 수익을 낼 수 있습니다. 또 다른 빨라로의 세계로 한번 가보겠습니다.

04
뽈라로 펜싱

이번에는 뽈라로 펜싱입니다. 이름에 힌트가 있죠? 네, 맞습니다. 장대양봉 이후 조정 캔들이 펜싱칼처럼 위로 길게 있는 패턴이라 그렇게 이름 지었습니다. 기억하기 쉬워야 하니까요. 뽈라로 펜싱은 대량 거래 장대양봉 다음 날 더 많은 거래량으로 윗꼬리를 길게 발생시켜야 성립됩니다. 뽈라로 펜싱이 나오는 이유는 두 가지입니다.

첫 번째는 세력들의 매물 테스트입니다. 어떻게 보면 세력들의 수익 실현으로 보이는 차트이기도 합니다. 하지만 뽈라로 펜싱에서는 세력들이 위로 살짝 들어올려서 다른 매수세나 혹은 따라오는 준단체급 매수세 등의 힘과 의지를 가늠해보는 것입니다. 여기서 당연히 세력 또한 물량을 줄이기도 합니다. 세력들의 매집 초기나 매집량이 부족할 때 나오는 게 뽈라로 펜싱입니다.

두 번째는 이전의 큰 매물대가 모여 있는 구간일 경우입니다. 매우 큰 호재가 있어도 큰 매물대를 돌파하려면 엄청난 거래량을 동반해야 합니다. 하지만 그다지 큰 호재가 아닐 경우 세력이 매수와 매도를 반복하면서 이전의 고점 물량도 위협해 손절시키고, 최근 고점 물량도 손절시키게 만듭니다. 오늘 고점이 이제 마지막이라는 겁을 주면서 물량을 빼앗아가는 것입니다. 그 길이에 따라 심리적으로 더 흔들릴 수 있습니다.

뻘라로 펜싱의 장점은 대량 거래가 발생하므로 단기 대응을 잘하는 사람은 스캘핑과 단기성 매매를 동반하면서 수익을 자주 챙겨갈 수 있다는 것입니다. 거래량이 많고 봉의 길이가 길어진다는 것은 짧은 매매를 즐기는 스캘퍼들에게는 좋은 조건입니다. 그리 어렵지 않게 수익을 내면서 차후를 도모할 수 있습니다.

뻘라로 펜싱의 단점은 일일 변동폭이 커지기 때문에 심리적으로 흔들려서 물량을 빼앗길 수도 있다는 점입니다. 일봉은 계속 실시간 변화하는데 자신이 설정한 가격까지 내려올 때 오히려 적은 수익이나 손절로 대응되는 경우도 발생합니다. 심리적으로 주가가 매수가보다 상승해서 10분 만에 100만 원 수익이 되었다고 가정하면 기분이 좋습니다. 그런데 다시 하락으로 전환되면서 본전이 되면 수익률이 '0'이 아니라 마이너스 100만 원 같이 느껴집니다. 그리고 더 내려가서 마이너스 100만 원이 되면 200만 원을 손해 보는 느낌이 들게 됩니다. 이런 현상은 매매할 때 단기 고점일 당시 수익률이 눈높이를 바꿔놓았기 때문입니다. 뻘라로 펜싱에서 자주 나타나는 현상입니다. 뻘라로 펜싱의 예를 살펴보겠습니다.

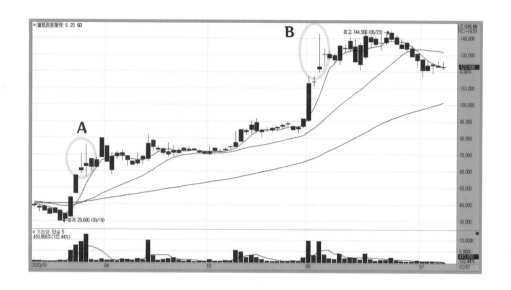

상한가 장대양봉 이후 A구간에서 상승갭 대량 거래가 발생하지만, 윗꼬리가 꽤 길게 나옵니다. 즉 고점 대비 많이 밀렸다는 의미입니다. 그리고 거래량이 크게 떨어지면서 2일간 단봉을 보입니다. 그리고 3일간 캔들은 좀 두터우나 거래량이 크게 없는 캔들 몇 개가 나오고 단봉이 나오기 시작합니다. 역시 러닝컬렉션이 나타나고 2개월의 방황 끝에 장대양봉이 나옵니다. 이 패턴은 그래도 매우 양호합니다. 각도는 미비하지만 우상향하고 있기 때문입니다. 코스닥에서 시가총액 순위가 높은 종목이라 그런 이유도 있습니다. B구간에서 다시 한 번 뻘라로 펜싱이 출현합니다. 역시 고점을 돌파하면서 차익 실현 물량이 출현합니다. 그런데 이번에는 거래량이 줄어드는 지점이 크게 나오지 않고 거래량이 활발합니다. 신고가 위치로 올라갔고, 저항이 크게 없기 때문입니다. 그야말로 위로 붙면 날아가는 형태가 되는 것입니다. 다른 차트를 하나 더 보겠습니다.

　　뻘라로 펜싱 이후 앞의 점상한가 라인으로 되돌림이 나온 예입
니다. A구간 펜싱이 나타나면서 매우 많은 거래량을 발생시킵니다.
그리고 하락을 시키는데, 그 기간이 2개월 반 정도가 됩니다. 아마
뻘라로를 모르는 분들은 견디기 힘든 시간입니다. 주가가 안 오르
는 것보다 거래량이 적은 것이 더 힘든 고통일 것입니다.

　　뻘라로 펜싱은 기다리면서 대응하는 것보다 적극적으로 대응하
면서 수익을 내고, 매수를 반복하는 것이 바람직합니다. 뻘라로 펜
싱은 보통 10거래일 안에 윗꼬리 물량을 소화해내지 못하면 다시
바닥다지기를 하는 경우가 대부분입니다. 이점을 잘 보면서 대응
하는 것이 핵심입니다. 결국 자신만의 매매 성향에 따라 뻘라로의
스타일을 결정하게 될 것입니다. 실제로 사용하고 있는 사람들 각
자가 선호하는 뻘라로가 모두 다릅니다. 다음은 뻘라로의 꽃 이글
루가 이어집니다.

05
뺄라로 이글루

　이제 마지막 뺄라로 패턴인 이글루에 대해서 이야기하겠습니다. 뺄라로 이글루는 제가 제일 많이 사용하는 패턴이기도 합니다. 이것 때문에 한때 에스키모를 동경하기도 했습니다. 뺄라로 이글루는 장대양봉 이후 살짝 상승을 보이고, 장대양봉 중반 가격을 지나 거의 하단 혹은 그 이하까지도 침범하는 패턴을 말합니다. 뺄라로 이글루의 조건은 장대양봉 이후 장대양봉 몸통 종가를 일단 한 번 돌파해야 합니다. 그리고 가장 중요한 거래량 분석을 철저히 하는 절차를 밟게 됩니다. 뺄라로 이글루의 가장 중요한 판단 조건은 거래량이기 때문입니다. 장대양봉 이후 긴 음봉이 나왔을 때 절대적으로 장대양봉 거래량의 절반 이하로만 나와야 합니다.

　뺄라로 이글루가 발생하는 주된 이유는 세력의 철저한 관리입니다. 대부분 어느 정도 매집되었을 경우 발생할 확률이 높은데, 기존 고점에서 매수자, 단기 악성 매물 등을 빼앗기 위한 흐름이라고 보면 정확합니다. 장대양봉 이후 그 양봉 몸통 이상 가격을 찍어주

면 하다못해 상한가 따라잡기를 한 사람들까지도 수익권이 되겠
죠? 하지만 서서히 주가를 낮춰버립니다. 일단 차트를 보겠습니다.

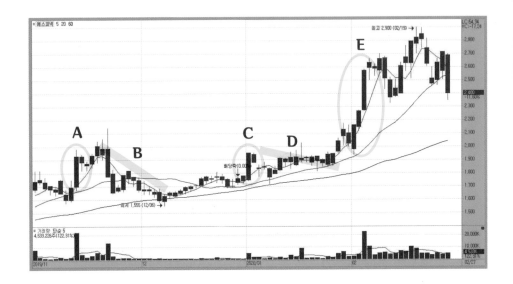

A구간에서 장대양봉이 발생합니다. 거래량도 크게 터져 있습니
다. 그리고 B구간으로 가는데, 어떤가요? 마치 에스키모 얼음집인
이글루 같지 않나요? C라는 장대양봉이 또 발생하지만 거래량이
크지 않습니다. 매집량이 많아지면서 큰 거래량 없이도 주가를 올
리기 용이해졌다는 의미입니다. 그리고 D구간을 거치면서 본격적
인 상승이 나오는 E구간을 맞이합니다. 빨라로 이글루는 서서히 내
려오면서 모든 단기 이평선을 가볍게 붕괴시키고, 심지어 20일선
도 쉽게 이탈시킵니다. 최대한 손절 물량과 실망 매물까지 다 거둬
가는 것입니다. 가격조정과 기간조정을 저렇게 지루하게 해버리면
성격이 급한 고점 추격자들을 쉽게 떼어낼 수 있습니다.

빨라로 이글루의 장점은 거래량 분석만 철저히 하면 매우 낮은 가격에 매수가 가능하다는 점입니다. 또한 빨라로 이글루는 의외로 빠른 시간 안에 다시 장대양봉을 생성하는 경우가 매우 많습니다. 빠른 수익을 기대할 수 있는 강력한 빨라로 패턴입니다.

빨라로 이글루의 단점은 장대양봉 다음 날 바로 물량을 많이 투입하는 서툰 분할 매수가 되면 단가 조절에 실패할 가능성이 커진 다는 것입니다. 빨라로 이글루는 저점만 잘 잡을 수 있으면 되고, 그러면 빠르고 안전하게 큰 수익을 낼 수 있습니다. 그러나 하단에서 받는 물량이 적다면 그만큼 단가 조절이 안 될 수 있다는 것입니다. 빨라로 이글루의 다른 예를 보겠습니다.

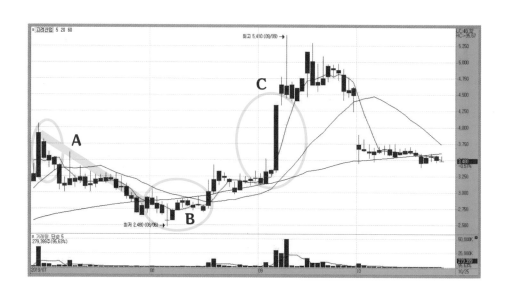

이 예는 A구간 빨라로 이글루가 출현한 이후 과다하게 하락하는 B구간이 나옵니다. 물론 바로 C구간에 다시 폭발력을 보이지만 생

각보다 B구간의 하락이 제법 많이 발생했습니다. 여기서 중요한 포인트의 하나는 시장과 대부분 종목들의 주가는 상관관계가 높음을 간과해서는 안 된다는 것입니다. 저 기간은 미중 무역전쟁으로 시장이 폭락하던 구간이었습니다. 당시 코스피 차트를 보면 쉽게 이해될 텐데, 시장 하락에 비해 매집이 발생하고 달릴 준비를 한 뽈라로는 역시 조정폭도 빠르고 반등도 빨랐음을 알 수 있을 것입니다. 그 지역의 코스피 차트를 보면서 뽈라로 이글루에 대한 이야기를 마치겠습니다. 이어서 각 뽈라로의 매수 포인트와 정확한 매수 방법들을 공부하도록 하겠습니다.

06
뽈라로의
매수 포인트

이번에는 뽈라로의 매수 포인트에 대해서 알아보겠습니다. 먼저
뽈라로 올레입니다. 뽈라로 올레는 약 5일간 관찰해야 합니다. 먼저
중요한 라인은 장대양봉 익일의 첫 거래일 저점입니다.

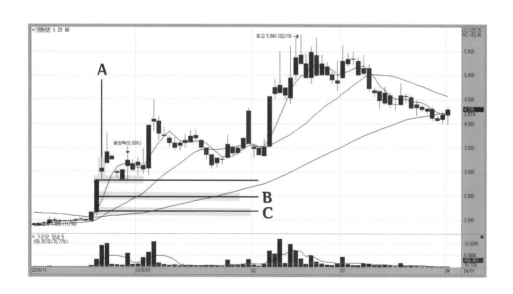

A구간의 저점 라인이 5거래일 안에 들어오면 그 자리는 1차 매수 자리입니다. 더 내려가면 이글루 모양이 되니 큰 지장은 없습니다. B구간이 2차 매수인데 장대양봉의 절반 자리이고, 정확한 가격의 공식은 장대양봉 종가에서 장대양봉 시가를 더하고 2로 나누면 됩니다. 그 자리가 2차 매수입니다. 3차 매수는 장대양봉의 시가인 C구간입니다. 각각의 비중은 20%, 30%, 50%가 바람직합니다. 이렇게 매수만 되면 그렇게 힘들어지지 않습니다. 앞서 그림은 뻘라로 올레이기 때문에 20%만 매수되는 안타까움이 있으나, 주식은 안전성이 제일 우선되어야 합니다. 단가 관리를 하지 못하면 견디기 힘들어지는 것은 다들 경험했을 것입니다.

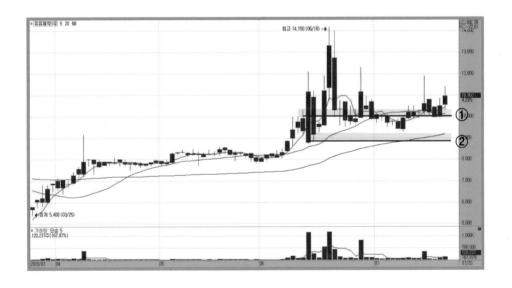

뻘라로 돌리의 매수가는 너무 쉽습니다. 장대양봉 이후에 5거래일을 관찰해야 하는데, 바로 다음 날 뻘라로 돌리가 일어납니다. 이 경우는 ②번 라인인 장대양봉 몸통 하단, 즉 시가 라인에 매수하면 됩니다. 그러나 돌리가 일어난 후 그 자리를 안준다면 ①번인 장대양봉 절반 자리에서 5거래일 안에 매수하면 됩니다. 비중은 50 대 50으로 맞추면 간편하게 계산이 끝납니다.

뻘라로 펜싱에서는 아무리 머리를 굴려봐도 원칙을 어길 수 없는 확고한 주식관과 싸워야 합니다. 네, 맞습니다. A구간 1회만 매수 가능하고, 비중 20%만 가능합니다. 그래도 어쩔 수 없겠죠? 원칙이 무너지면 뻘라로도 그 의미가 반감되니까 말입니다.

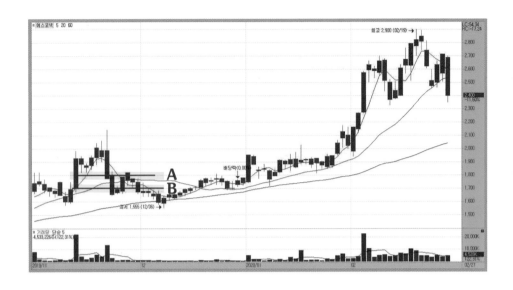

　빨라로 돌리는 매수가 역시 심플합니다. 장대양봉 이후 캔들의 첫 저점이 장대양봉 절반 가격과 큰 차이가 없습니다. 두 가지 선택을 하면 되겠습니다. 그냥 첫 지점을 5일 안에 공략하거나, 절반 플러스 하단 공략 두 번 분할 매수하는 것입니다. 과감하게 50 대 50으로 해도 무방합니다. 상단에서 한 주도 매수하지 않아서 단가가 상당히 낮기 때문입니다. 그렇게 매수해놓고 해야 할 일은 무엇일까요? 앞으로 급등하는 날만 기다리며 하루하루 즐거운 상상만 하고 있으면 됩니다. 빨라로의 매수 포인트는 너무나 과학적이고, 수학이 아닌 산수 수준의 간단한 숫자만 알면 됩니다. 돈 벌기, 참 쉽죠?

07
뽈라로의
안전성

    뽈라로의 안정성에 대해서 이야기하겠습니다. 뽈라로는 고점을 추격하는 매수 방식이 아닌, 거래량이 터진 기준으로 매매 기준을 삼아서 매매하는 것이기 때문에 상대적으로 안전합니다. 물론 하지 말아야 하는 패턴도 있습니다. 그런 예를 한번 보겠습니다.

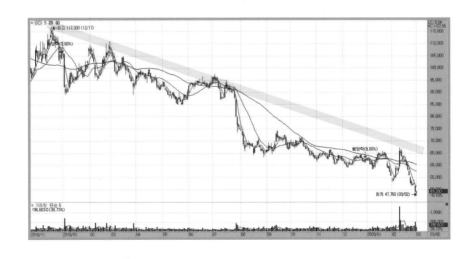

바로 추세 전환이 안 된 패턴입니다. 이럴 때 나타나는 장대양봉
은 대개 거래량도 충분하지 않고 추세 반등의 성격이 큽니다. 그래
서 앞서 제가 추세와 파동을 강조, 또 강조한 것입니다. 그림은 간
단합니다. 어떤 예가 바람직하고, 편한 마음으로 들고 갈 수 있을까
요? 다음의 예를 보겠습니다.

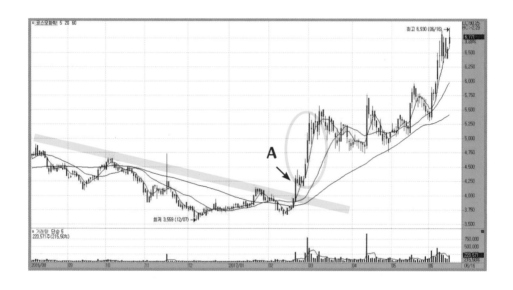

이러한 패턴은 하락 추세가 끝나고 추세 전환을 알리는 A구간이
나타납니다. 저기서 시작해도 전혀 늦지 않다는 것입니다. 하락 추
세 전환이 끝나면 하락이 멈추면서 횡보를 하거나 박스권을 형성하
는 경우가 많이 나타나고, 재료를 잘 타고 간다면 급격한 파동으로
이어질 수도 있습니다. 물론 초기 상승만으로 이것이 어떻게 불을
붙여 나갈지는 아무도 모릅니다. 그러나 적어도 뿔라로만 숙지하고
있다면 최소 몇 십 %의 수익을 낼 가능성이 매우 높다는 점입니다.

뻘라로의 안전성은 추세 전환과 파동으로 충분히 검증되어 있다고 말할 수 있습니다. 뻘라로는 발명일까요? 발견일까요? 석고상을 조각할 때 이미 그 석고상은 석고 안에 있었습니다. 사람이 다듬고 깎아내서 석고상이 된 것입니다. 뻘라로도 어쩌면 이미 예고된 석고상일 수 있습니다. 저는 뻘라로에 대해 가끔 '발견'이라는 표현도 쓰는데, 제 생각에 동의하는 분들이 이쯤에서는 매우 많아졌으리라 생각합니다.

08
뻘라로의
폭발성

　뻘라로의 폭발성에 대해 이야기하기에 앞서 자칫 여러분들이 너무 큰 욕심을 낼까 조심스럽기도 합니다. 뻘라로는 그 초입에서는 더디다는 느낌을 받을 수도 있지만, 나중에는 상상 이상의 상승률을 가져오기도 합니다. 그러면 제가 직접 경험한 매매 예를 보겠습니다.

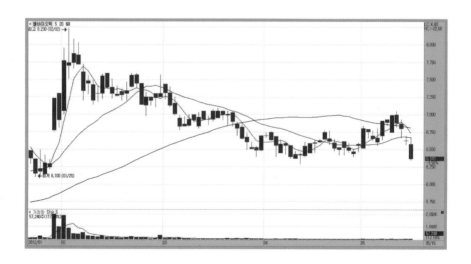

'내가 뽈라로를 제대로 개발한 건가?'라고 생각할 정도로 저를 지치게 만들었던 종목입니다. 그러나 믿음이 있었고, 회사 가치를 믿기도 했습니다. '그래, 한번 길게 가져가보자. 어떻게 될지 정말 궁금하다'라고 생각하면서 오랜 시간 지켜보게 되었습니다. 결론은 어떻게 되었을까요?

차트를 길게 본 것입니다. 8,000원이 넘으면서 저는 여유 있게 절반을 매도했습니다. 조금 더 보겠습니다. 이미 수익 실현을 했으므로 나머지는 수익을 못 내도 된다는 심정으로 시간을 보내보기로 했습니다. 결과는 어땠을까요?

저는 25,000원에서 흔들 때 나왔습니다. 그러나 결국 70,000원을 넘겼던 종목입니다. 이게 추세 전환에서 첫 빨라로에 잡았던 종목입니다. 물론 시간은 오래 걸렸지만 상당히 큰 상승을 보였다는 것이 이 책을 읽고 있는 여러분을 설레게 할 것입니다. 이제 빨라로의 위력을 실감하시겠죠? 당장 장이 열리고 차트를 보면서 빨라로를 찾는 여러분의 모습이 상상됩니다.

09
뽈라로
주봉 차트, 월봉 차트

주봉 차트와 월봉 차트에서도 뽈라로를 적용할 수 있습니다. 먼저 주봉 차트에서 활용법을 보겠습니다. 예를 보면서 설명하겠습니다.

역시 주봉 차트상 장대양봉을 기준으로 합니다. 바로 급등시키는 장대양봉은 내 것이 아니니 무시해야 합니다. 역시 장대양봉 절반 자리 A구간과 하단 자리인 B구간이 매수 포인트가 됩니다. 그리고 어김없이 상승합니다. 5주선이 깨지는 자리 절반, 20주선이 깨지는 자리에서 전부 매도 전략으로 대응하면 후회 없는 매매가 될 것입니다.

이번에는 월봉 차트에서 살펴볼 텐데, 하나 주의해야 할 점이 있습니다. 그것은 바로 월봉이라는 사실입니다. 즉, 주봉만 해도 캔들 하나가 5일 걸려야 완성되지만 월봉 캔들은 20거래일 이상 걸린다는 점입니다. 월봉이 완성되려면 긴 시간이 걸립니다. 그렇다고 초기에 대응하지 않으면 놓칠 수도 있습니다. 월봉 빨라로는 자칫 매매의 흥미를 잃게 할 수도 있으니 참고 사항으로 보면 좋겠습니다. 일단 예를 살펴보겠습니다.

또 소름끼치게 매매의 정확성을 보이며 설레게 합니다. 매수 구간 A와 B를 기준으로 하면 되는데, B구간은 매수가 되지 않습니다. 그래도 다음 결과물은 우리에게 큰 기쁨을 안겨주는 것을 확인했을 것입니다.

이상으로 뽈라로의 모든 것을 배웠습니다. 뒤에서 등장하는 많은 기법들은 뽈라로와 연관성 있는 것이 많습니다. 특히 뽈라로는 책으로도 습득해야 하지만 실전에서 많은 차트를 찾아보고, 스스로 연습해보면서 자신의 것으로 만들 수 있을 것입니다. 제가 찾아냈지만 이제 여러분의 것이기도 합니다. 그것이 바로 뽈라로입니다.

6장

기존 해석의
틀을 깨라

Pro Trader

01
지금까지의
볼린저 밴드 상한선은 지우자

볼린저 밴드는 많이 쓰이는 보조지표입니다. 앞의 차트는 기본적인 볼린저 밴드의 모습입니다. 상단 밴드는 저항으로 작용하고, 하

단 밴드는 지지로 작용합니다. 보통 주가 변동이 크면 밴드 폭이 커지고, 주가 변동이 적으면 밴드 폭이 좁아지는 경향을 보입니다. 여기서 제가 쓸 라인은 오직 하나, 볼린저 밴드 상한선입니다.

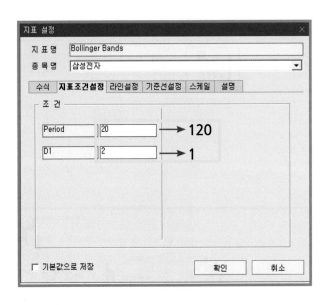

상한선이 보통 20, 2로 되어 있는데, 일단 120, 1로 수정하겠습니다. 그리고 마지막으로 해야 할 것이 '라인 설정'으로 가서 상한선만 놔두고 체크를 없애는 일입니다. 다음 차트를 보겠습니다.

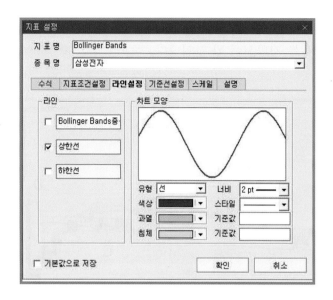

이제 여러분들의 주식 차트에서 중요한 라인이 완성되었습니다.
앞으로 다음과 같이 차트를 설정하면 좋겠습니다.

볼린저 밴드 상한선 120, 1은 앞으로 저가에서 추세 전환할 때 제일 먼저 중요하게 볼 저항선이 될 것입니다.

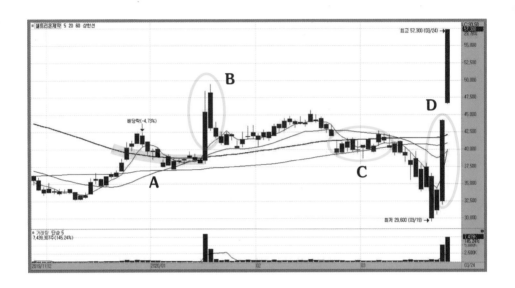

대형주는 볼린저 밴드 상한선이 우상향하면 지지선이 되는 경우가 대부분입니다. 중소형주는 볼린저 밴드 상한선이 추세 전환 전에 첫 저항이 되는 경우가 대부분입니다. 이 내용은 7장에서도 또 다룰 것입니다. 앞으로 꼭 사용하게 될 기준선이고, 지금 바로 설정해두는 것이 좋겠습니다.

02
주봉,
이것만 보면 완성한다

주봉은 일봉을 5개 단위로 묶어서 본다고 해석하면 맞습니다. 당연히 주봉에서도 봐야 할 이평선과 흐름이 있고 추세와 파동도 존재합니다. 단, 주봉은 일봉을 압축했다는 관점에서 봐야 하고 주봉의 해석은 일봉과 다른 점도 많습니다. 먼저 주봉의 기본 차트를 함께 설정해보겠습니다.

앞의 차트 설정처럼 주봉 차트에 이평선은 5, 20, 60만 설정하면 됩니다. 즉 5주선, 20주선, 60주선을 설정해놓고 보면 간단합니다. 일단 이평선은 강한 상승 흐름을 보일 때는 5주선을 지지 받으면서 상승하는 경우가 대부분입니다. 5주선은 일봉 차트의 5일선처럼 5주간의 흐름, 즉 한 달 추세라고 보면 됩니다. 20주선은 수평이냐, 꺾이느냐 각도 정도를 체크하면 무난합니다. 중요한 주봉 차트의 이평선은 바로 60주선입니다. 60주선 각도가 밋밋해지며 돌파하면서는 들락날락하게 됩니다. 즉 돌파와 이탈을 반복하게 되는데, 그 자리를 더 탄탄하게 만들며 매물을 쌓는 작업입니다. 주봉 차트에서는 추세도 잘 봐야 하고, 좀 더 길게 확대해서 이전 흐름까지 보는 것을 차트 분석할 때 습관화해야 합니다. 주봉 차트에서 핵심적으로 봐야 할 두 가지는 60주선과 추세입니다. 차트에 정리해보면 다음과 같습니다.

A, B, C, D의 추세는 매매 시 반드시 확인해야 합니다. 추세를 봐야 어디서 지지하고, 어디서 반등할지 예측할 수 있습니다. 그리고 60주선의 수평 그리고 돌파, 이탈의 반복 체크도 해야 합니다. 돌파하면서 60주선이 우상향할 때 상당 기간 상승할 수 있습니다. 주봉 활용을 잘하면 좋은 매수 포인트를 얻을 수 있게 됩니다.

03
월봉,
단순하게 해석하자

　월봉은 그야말로 일봉 20~23개를 하나로 묶어놓은 것이기 때문에 순간순간 너무 민감하게 해석할 필요는 없습니다. 월봉의 시가는 해당 월의 첫 거래일의 시가이고, 월봉의 종가는 해당 월 마지막 거래일의 종가입니다. 즉 시가를 보고 종가가 나오는 데 한 달이 소요됩니다. 현재 상태보다는 지나간 과거의 흐름을 크게 보는 데 그쳐야 합니다. 물론 월봉상 현재 진행되는 관점도 중요합니다. 지지저항의 체크로도 긴 흐름을 빠르게 볼 수 있다는 장점이 있습니다. 그러나 호흡이 급한 분들은 오히려 월봉을 보고 의존하면 오히려 판단이 흐트러질 수 있습니다. 저는 월봉은 종목을 선정해 매매하기 전에 전체적인 흐름과 지지와 저항만 체크하는 것을 추천합니다. 7장에서는 월봉 차트에서도 대세 흐름 종목 찾는 방법을 소개할 예정이지만, 여기서는 단순한 흐름으로만 체크하는 게 이롭다고 이야기하고 싶습니다. 예를 하나 살펴보겠습니다.

　앞의 예처럼 월봉의 이평선은 5, 12, 24만 추가해놓습니다. 이것
은 각각 5월선, 12월선, 24월선이 되겠습니다. 이평선은 간단히 5월
선이 골든크로스되는 월을 체크하면 됩니다. 그리고 특히 월봉 차
트는 이평선이 밀집되는 구간을 유심히 볼 필요가 있습니다. 이 차
트에서는 2020년 1, 2월이 되겠습니다. 5월선이 바닥에 깔리면서
5, 12, 24월선이 역배열이지만, 이평선이 완전하게 밀집되면서 추
세 전환을 예고하고 있습니다. 다음 예를 또 보겠습니다.

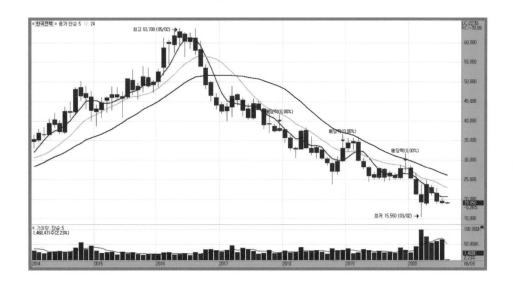

한국전력의 월봉 차트입니다. 2016년 고점을 찍고 4년째 하락하고 있는 것을 볼 수 있습니다. 물론 중간의 반등도 그리 적은 것은 아닙니다. 30% 넘는 반등도 나오고 있지만 추세적으로는 하향세임을 알 수 있습니다. 역시 이평선들도 계속 역배열을 유지하고 있으며 그 이평선들도 기울고 있습니다. 이평선끼리의 간격인 이격도도 좀처럼 좁혀지지 않는 흐름입니다. 일봉 차트를 보면 딱 저점을 예단하고 들어갈 수도 있는 차트이지만, 월봉 차트를 보면 그렇게 잘 손이 나가지 않는 그림이 되겠습니다.

이렇게 종목을 선정할 때 반드시 월봉 차트도 체크할 필요가 있습니다. 그래야 일봉 차트에서 쉽게 넘길 수 있는 개인적인 '감'에 의존하지 않게 됩니다. 그러나 예외도 있습니다. 다음과 같은 월봉에 큰 의미가 있을까요? 즉, 월봉은 적어도 48개 이상은 나와야 그 데이터가 참고할 만하다고 말할 수 있습니다. 즉, 상장한 지 최소 4년

은 되어야 어느 정도 월봉 차트에서 데이터의 흐름이 나온다고 볼
수 있습니다.

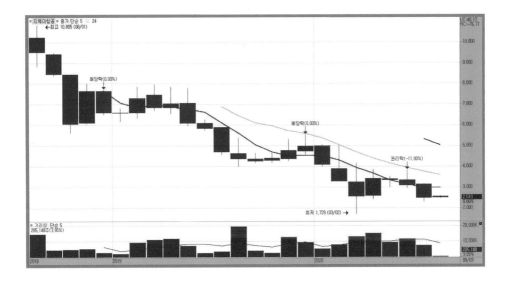

04
3저가 3고가
이론

흔히 파동은 많이 들어도 봤고, 경험도 해봤을 것입니다. 올라가다 조정을 받으면 매도하면서 대응합니다. 수익 중일 때는 그나마 수익을 지키려는 심리가 나오고, 손실 중일 때는 추가 손실을 막기 위해 주식을 매도합니다. 그러나 파동을 경험하다보면, 팔면 날아가는 경우를 많이 봤을 것입니다. 상승 파동은 주로 3고가를 갱신하는 경우가 많습니다. 그러나 시간도 길어질 수 있지만 조정이 깊어질 수도 있어서 이를 판단하고 매매에 적용시키는 것은 쉽지 않을 때가 있습니다. 머리로는 알면서도 마음이 그렇지 못하기 때문입니다.

이중 바닥이라는 이야기도 역시 많이 들어봤을 것입니다. 주가가 조정을 받고 지지를 할 때 이전 저점이 지지점이 되는 경우가 많습니다. 쌍바닥이라고도 하는데, 이전 저점을 지지하고 다시 튀어 오른 경우를 말합니다. 물론 한 번 더 그 바닥 자리를 지지 확인한다면 다중 바닥이라고 합니다.

그러면 3번의 고점 갱신과 갱신하려는 도전, 그리고 3번의 저점 갱신과 지키려는 도전이 얼마나 중요한지 알아보겠습니다. 먼저 3고가를 돌파한 흐름의 예로 코로나 사태로 크게 올라간 씨젠입니다.

A구간 고점 이후 약 한 달 반의 눌림이 있었습니다. 그리고 B구간에서 A구간 고점을 높이지 못합니다. 매매자들은 상당히 불안했지만, 그 뒤에 나오는 조정 구간이 A구간의 조정보다 높았다는 게 특징입니다. 그리고 C구간이 나오면서 3고가를 높이며 돌파에 성공합니다. B구간 조정 라인의 높이에 집중할 필요가 있습니다. 다음 차트를 살펴보겠습니다.

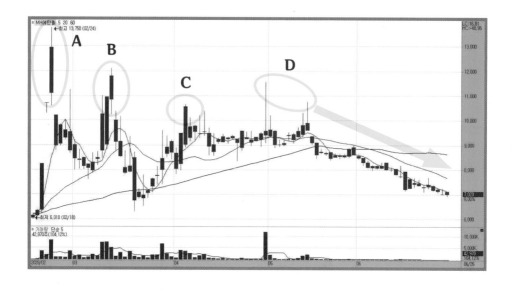

이것은 A, B, C의 고가가 점점 낮아지는 흐름을 보인 예입니다. C 구간 이후에도 몇 번의 고점 돌파 시도가 나왔으나 윗꼬리가 다들 길게 나옵니다. 매물 출회의 흔적이라고 보는 게 맞습니다. 그리고 하락으로 기울어버립니다.

이제 3저가인데, 3고가와 반대로 3저가는 바닥에서 세 번 지지하는 흐름에 관한 이론입니다. 보통 쌍바닥보다 한 번 더 바닥을 테스트 했을 때는 지지력이 작아서도 있겠지만, 최근에는 다분히 고의성도 있습니다. 바닥에서 정말 탈탈 털려는 세력들의 정성도 있습니다. 예를 보겠습니다.

    A구간의 저점이 형성되고 반등이 나옵니다. 그러나 B구간에서 이전 저점을 추가로 낮추는 흐름이 나옵니다. 그리고 반등이 나오지만 약한 언덕이 나온 후 기울어집니다. 이런 자리에서는 조금만 기울어져도 손절 물량이 나오기 좋은 환경입니다. 그러나 C구간의 꺾임 현상은 A구간 저점보다 낮았지만 B구간 저점보다는 훨씬 높았습니다. C구간은 이격도와 관련이 깊은데, 나중에 다룰 이격도 매매에서 확실하게 알게 될 것입니다. 이렇게 3저가를 보이고 반등에 성공한 흐름을 보인 예입니다. 이것도 물론 추세를 잘 확인해야 합니다. 보통 C구간 저가를 형성한 종목들은 오래 탄력을 받아서 상승하는 경우가 많습니다. 그만큼 바닥을 잘 다졌고 물량도 충분히 확보했음을 의미하기 때문입니다.

05
파동 이후 눌림목의
진실

앞서 우리는 파동에서 1, 3, 5파는 상승파이고 2, 4파는 조정파임을 이미 배웠습니다. 뻘라로에서도 배웠던 조정에서 '러닝컬렉션'이 기억날 것입니다. 러닝컬렉션은 파동 이후 눌림목과 사실 같은 의미가 됩니다. 상승하기 위한 파동 이후 눌림목의 길이는 사실상 세력의 의지라고 봐야 합니다. 물론 호재가 잘 연결되어 빠르게 이어지는 경우도 있지만, 특히 첫 파동에서는 더디게 가는 경우가 대부분입니다. 파동 이후 눌림목은 결국 매매에 참여한 사람들을 길들이는 작업입니다. 개인 매매자들에게 가장 힘든 것은 가격적인 조정이고 그다음 기간적인 조정입니다. 대부분 파동 이후의 눌림목에서는 이 두 가지를 병행하는데, 가격적인 변동성을 크게 하면 자칫 위험을 초래할 수도 있습니다. 물론 핸들링하는 기술도 좋아야 하는 것은 당연한 일입니다. 그러나 기간적인 조정을 길게 하는 것은 그리 어렵지 않습니다. 결국 따라붙은 사람들을 지치게 만드는 작업인데, 가격 조정을 크게 하지 않아도 길이를 늘려버리면 개인 매매자들은 가장 힘들어합니다. 개인 매매자들은 자금의 여유도 많지 않지만 시간적 여유 또한 만만치 않게 없기 때문입니다. 다음 예를 보겠습니다.

①번에서 산뜻한 상승을 보입니다. 개인 투자자들에게는 좋은 먹잇감이 됩니다. 그러나 ②번 파동이 나올 때까지 조정인 A기간이 무려 5달이 넘습니다. 이후에 화끈한 상승을 가져왔지만 눌림목이 상당히 길게 나왔습니다. 그래서 앞서 빨라로가 소개되었습니다. 빨라로 패턴에 맞춰 매수한다면 팔고, 사고를 반복하며 견딜 수 있는 지점들이 많이 있습니다. 손절만이 답이 아니고, 무작정 보유만도 답이 아닙니다. 물론 매집이 있는 종목은 꼭 사고팔고 할 때 이른바 '털리는' 경우도 많습니다. 눌림목에서 가장 중요한 부분이 있습니다. 눌림에서 매수할 자리는 어디냐는 것입니다. 물론 뒤에도

다른 매수 포인트를 찾는 기법들이 나오겠지만 이렇게 길어질 때는
두 가지 방법을 제시합니다. 일단 A구간을 확대해서 보겠습니다.

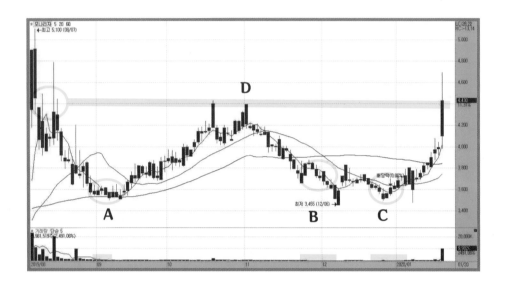

　　일단 매수가 가장 적절한 구간은 캔들이 짧아지고 거래량이 바닥
인 구간입니다. 보통 개인 매매자들이 제일 싫어하는 구간입니다.
움직임이 없고 거래량이 없는 자리를 보통 제일 싫어합니다. 그러
나 이 구간이 매수하기 가장 좋은 자리입니다. D구간은 앞서 윗꼬
리가 있는 거래가 많이 터졌던 지역입니다. 당연히 밀려 내려갑니
다. 그 이유는 거래량이 충분히 발생하지 않았기 때문입니다. 만약
A구간에서 과감하게 샀을 경우, D구간에서 두 번 밀리는 것을 확
인했다면 매도로 대응하는 게 바람직합니다. 아니면 적어도 절반이
라도 매도하는 게 맞습니다. 다음 기회인 B, C구간도 거래량 바닥
을 보이며 캔들이 짧아지는 매수의 적정 포인트라고 할 수 있습니

다. 눌림목은 때로는 매우 짧기도 하지만 몇 달의 시간을 지체하며 매수자를 힘들게 만드는 경우가 많습니다. 파동 이후 눌림목은 해당 주식을 가장 싸게 살 수 있는 기회입니다. 제일 힘든 구간에 매수해야 가장 큰 수익이 난다는 것을 잊지 않아야 합니다. 짧은 캔들과 거래량 바닥이 제일 좋은 매수 기회가 됩니다.

06
휩소에
더 이상 당하지 말자

휩소(Whipsaw)는 일종의 속임수로 의도적으로 추가 하락을 시켰다 빠르게 올리면서 따라오는 매수자들을 따돌릴 때 쓰는 수법입니다. 개인 매매자들의 실력도 많이 올라가고, 시중에 많은 기법들과 전문가들이 생기면서 뻔한 흐름은 점점 더 적게 출현하고 있습니다. 그러면서 휩소가 많이 나타나는 것도 사실입니다. 휩소는 추세를 일시적으로 이탈시키는 추세 이탈 휩소가 있고, 이평선을 일시적으로 이탈시키는 이평선 휩소가 있습니다. 그리고 제일 많이 나오는 지지선 이탈 휩소가 있습니다. 세 가지 다 거래량과 결국 재료의 크기로 판단해야 합니다. 먼저 추세 이탈 휩소의 예를 보겠습니다.

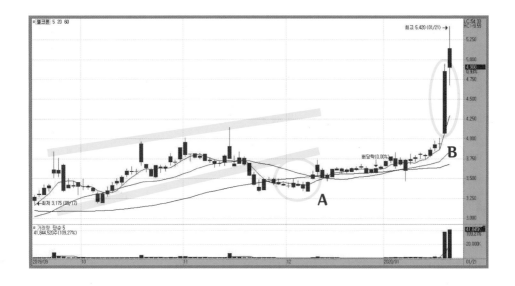

　상승 추세를 보이는 가운데 A구간이 나오면서 추세를 이탈합니다. 물론 특별히 크게 터진 음봉 거래량은 없습니다. 그리고 다시 추세로 복귀하려는 힘을 보이다 B가 나오면서 추세 상단도 하루만에 돌파해버리는 흐름입니다. 이 패턴이 자주 나오므로 잘 기억하길 바랍니다. 추세 이탈을 하면 손절 물량도 상당수 발생합니다. 그러나 이 패턴은 위협적인 음봉은 그다지 보이지 않습니다. 다음 예를 또 보겠습니다.

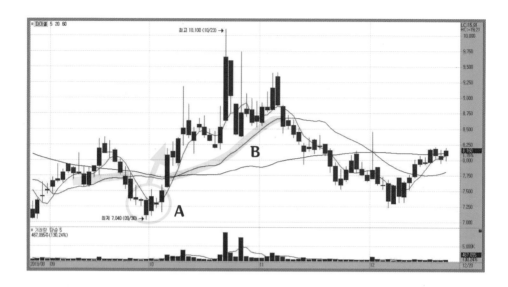

A구간에서 20일선을 이탈시킵니다. 역시 거래량은 거의 없고 물량 또한 쏟아진 흔적도 없습니다. 그리고 B구간으로 회귀하는데, 이 정도면 빛의 속도로 들어갔다고 볼 수 있습니다. 역시 판단의 근거는 거래량으로 볼 수 있습니다. 그럼 또 다른 예를 보겠습니다.

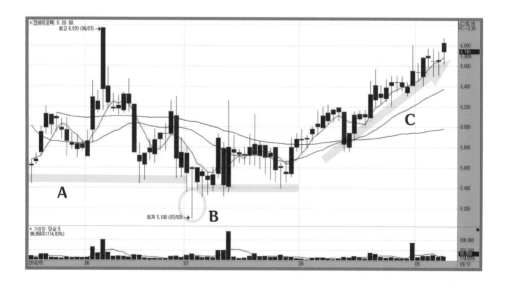

A라인은 강력한 지지라인이었습니다. 단 하루의 이탈이기는 하지만 B에서 지지점을 이탈시키며 손절성 물량을 유도합니다. 그러나 역시 하락폭에 비해 거래량이 크게 나오지 못했습니다. 이러한 경우는 호가창이 두텁지 않은데 갑자기 큰 매도 물량이 나왔을 경우가 많습니다. 빨리 복구가 되지 않는다면 어떻게 될까요? 매도 물량이 줄을 잇겠죠. 그러나 상당히 빠르게 복구되면서 다시 안정을 찾습니다. 이게 고의가 아닐까요? 맞습니다. 고의적으로 물량을 던져서 일시적인 훼손을 일으킨 것입니다. 그리고 저가를 깨고 C구간으로 아름답게 흘러가는 차트를 볼 수 있습니다.

휩소는 이제 가끔 나오는 패턴이 아니라 매우 자주 나오는 패턴이란 것을 잊지 말아야 하고 거래량 판단이 상당히 중요합니다. 대개 복구 속도도 잘 관찰할 필요가 있습니다. 이제 휩소에 당하는 확률이 점점 더 줄어들면 됩니다. 휩소에 당해도 다시 매수하면 되는 경우가 많기 때문입니다.

07
급등주를 놓쳐도
반등파가 있다

급등주를 보면 상당히 아까워하는 경우가 많습니다. 마치 내가 샀던 종목이었던 것처럼 감정을 이입해서 보는 경우도 많습니다. 그러나 사실 급등주를 따라가는 매매로 주식 시장을 떠나야 하는 개인 투자자들이 예상외로 상당히 많습니다. 쫓아가자니 매수가 잘 되지 않습니다. 아무리 매수 주문을 깔아도 위로 달아나버리기 때문입니다. 며칠 매수를 시도하다가 어느 날 매수가 되면, 사실 그다음부터 급락하는 경우가 많습니다. 급등주를 매수하는 기법은 슈퍼소닉 기법에서 다른 방법을 제시하겠습니다. 이번에는 반등파 원리에 의한 매매법을 이야기해보겠습니다. 일단 급등주 차트를 한 번 보겠습니다.

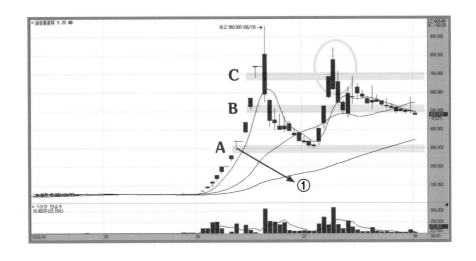

2020년 6월에만 1,667% 급등을 보인 삼성중공우입니다. 급등 후 거래량이 터지는 음봉은 쉽게 찾을 수 있습니다. 자, 매매를 하려면 그 전에 따라가는 게 아니고 급등하고 내려오는 반등파를 기다리는 게 제일 안전한 방법입니다. 급등 후 급락하면 반드시 반등파가 나오기 때문입니다. A구간은 처음으로 아랫꼬리가 길게 달리며 거래량이 많은 조정이 나온 지역입니다. 이 자리는 강력 매수 포인트가 되는데, ①캔들 최저가의 위아래 몇 개 호가에 매수를 포진시키면 됩니다. 대략 30만 원 위아래가 됩니다. 매수는 그 자리가 안 오면 안 사는 방식으로 해야 합니다. 쫓아가는 매매는 이런 패턴에서는 위험을 초래할 수 있습니다. 매수가 되면 매도 포인트를 잡아야 합니다. 다음 조정 포인트 자리인 B구간, C구간이 매도 구간인데, 안전을 위해서는 B구간에 적어도 절반은 매도를 해야 합니다. 그리고 C구간은 대량 거래 장대음봉 바로 전일 아랫꼬리 자리입니다. 그 이상을 욕심낼 필요는 없고 그 자리에서 전량 매도하는 습관을 들여야

합니다. 그 자리만 해도 수익률이 무려 270%가 됩니다. 물론 분할매도로 앞에서 절반은 정리를 했습니다. 다음 예를 또 보겠습니다.

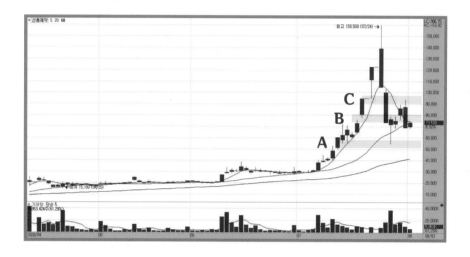

역시 이 종목도 이상 급등을 했던 종목입니다. 앞의 종목처럼 거대한 장대음봉이 나오면서 크게 하락합니다. 역시 매수 포인트는 급등 후 첫 지지점이었던 A구간이 됩니다. 역시 매수되었고, 다음 B, C구간이 매도 포인트가 됩니다. B구간에서 역시 적어도 절반 이상은 매도되어야 합니다. C구간에 미달했을 경우에는 어떻게 해야 할까요? 무작정 C구간을 기다리는 것보다 B구간이 다시 오면 나머지 절반도 정리하는 게 맞습니다. 몇 호가 더 가는 것을 기대하다가 오히려 손실로 나가는 경우도 많습니다. 물론 절반을 미리 정리했지만 이러한 원칙을 세우지 않는다면 앞으로 매매하는 기준은 사라지게 됩니다. 무조건 실전에서는 수익이 우선되어야 한다는 것을 잊지 않아야 합니다.

08
분봉을 모아놓으면
더 정확한 일봉이 된다

우리가 짧게 주식을 볼 때나 아니면 단기 매매나 데이트레이딩을 할 때 분봉 차트를 많이 봅니다. 분봉은 하루를 분 단위로 쪼개놓은 캔들입니다. 보통 많이 쓰는 분봉은 1, 3, 5, 15, 30, 60분봉을 사용합니다. 1분봉은 순간의 큰 물량의 의미를 찾는 데 사용합니다. 순간 던지거나 매수하는 대량 거래는 상당한 의미가 있습니다. 3분봉과 5분봉은 주로 짧은 흐름에서 추세를 보는 데 주로 사용됩니다. 흐름의 추세로 단기나 단타 매매에 적용하기 쉬운 분봉입니다. 15분봉은 해당일의 눌림에서 많이 쓰이게 됩니다. 30분봉은 특히 초반의 힘을 가늠하기 좋은 분봉이고, 장중 수급의 양을 가늠하기도 좋습니다. 60분봉은 당일보다는 스윙 관점에서 매수, 매도의 타점으로 요긴하게 쓰입니다. 차트를 보면서 자세히 공부해보겠습니다. 먼저 1분봉을 보겠습니다.

　역시나 중점적으로 체크해야 할 곳은 거래량이 터진 지역의 가격
대와 거래량입니다. 매수세에 의한 거래량인지 매도세에 의한 거
래량인지도 체크되어야 할 것입니다. 그러나 1분봉은 상당히 짧고,
큰 물량의 정보 정도만 파악하는 데 참고하면 됩니다.

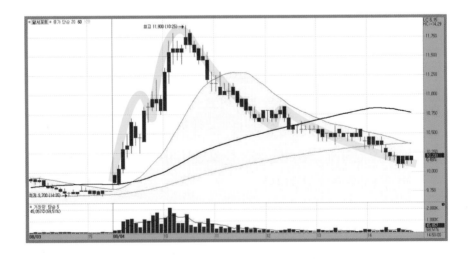

5분봉의 흐름은 저렇게 추세나 파동을 관찰하거나 단타 매매 시 그 흐름을 측정하는 데 용이합니다.

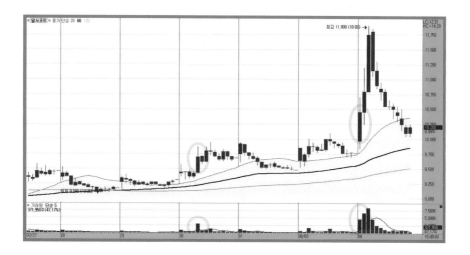

30분봉의 흐름은 특히 장 초반이나 오전 장에서 흐름을 타는 중요한 증거가 되기도 합니다. 특히 첫 30분봉에서 전일 첫 30분봉 거래의 2배 이상이 나오면 주목할 필요가 있습니다.

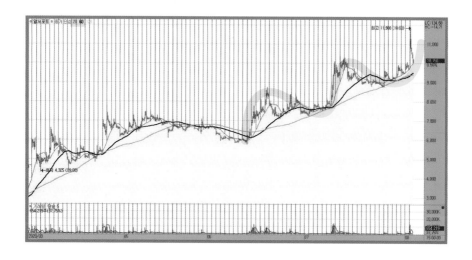

60분봉은 좀 거시적인 관점에서 볼 필요가 있습니다. 특히 60분봉에서는 20선과 60선이 중요합니다. 이 내용은 뒤에 6060 기법에서 또 자세히 기술할 것입니다. 이렇게 분봉을 해석하는 능력이 상당히 중요합니다. 짧게 본다는 단순한 흐름이 아니고 일봉을 쪼개서 분석하면 또 다른 해석이 나오고, 이것을 결합시켜도 또 다른 해석이 나오기 때문입니다. 분봉 기법은 계속해서 이 책에서 다루겠습니다.

09
틱봉은 이제 기술이 아니고
기본이다

　4장에서 틱 차트를 이용한 단타를 살펴봤습니다. 틱봉이라고 하면 괜히 어렵게 느껴지기도 하고, 뭔가 복잡해서 잘 사용하지 않으려는 경향이 있습니다. 그러나 틱을 자주 사용하게 되면 상당히 편리하고 생각보다 큰 흐름을 읽을 수 있습니다. 틱 차트 하나를 예로 보면서 설명하겠습니다.

한 종목을 60틱으로 본 흐름입니다. 살짝 밋밋한 느낌이 들기도
합니다. 60틱으로 보면 하루가 모두 저 범위 내에서 형성됩니다.
그러면 똑같은 종목의 시간을 30틱으로 세분해서 보면 어떻게 될
까요?

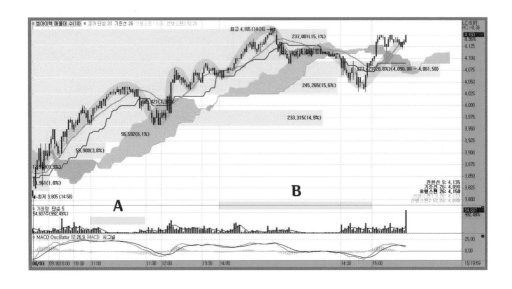

좀 더 추세와 거래량에 집중이 잘됩니다. 일목균형표에서 지지
포인트도 눈에 더 쉽게 들어오는 것을 알 수 있습니다. 그리고 주황
구름에서 하늘색 구름으로 바뀌는 포인트도 매우 적용이 잘 되어
있음을 볼 수 있습니다. A구간은 평소 30분봉보다 길고, B구간은
훨씬 더 길게 나옵니다. 그만큼 그 지역이 매매에 집중되었고, 세력
들의 간섭에 의한 틱 발생이 잦았음을 파악할 수 있습니다. 틱은 시
간의 개념이 아니고 공간의 개념입니다. 분봉은 항상 시간의 길이
가 일정하지만, 틱봉은 그렇지 않습니다. 결국 입체적으로 어디가

중요 포인트인지를 쉽게 알 수 있는 것입니다.

틱의 단위는 1, 3, 5, 10, 20, 30, 60, 120 정도로 나누면 적당합니다. 하루 거래량이 매우 적은 종목은 120틱이 한 개 이상 안 나오는 종목도 많고, 이런 종목은 사실상 틱으로 분석하는 것은 의미가 없습니다. 거래량이 1만주 이하 종목은 틱으로 보실 필요는 없습니다. 다음 예의 종목은 30틱으로 봐도 캔들이 3개입니다. 틱의 의미는 없습니다. 틱의 단위는 정해진 룰이 없고, 거래량에 따라 스스로 세팅하는 감을 찾으면 됩니다. 그러나 이 감은 생각보다 금방 찾을 수 있습니다.

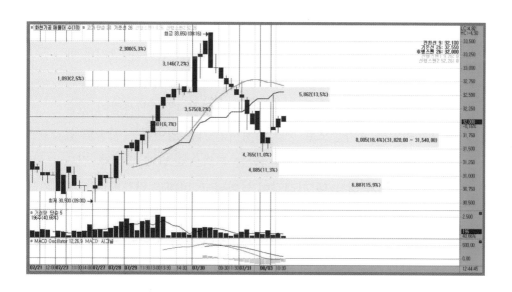

10
아무도 말해주지 않는
거래량의 진실

'캔들은 속일 수 있어도 거래량은 못 속인다'라는 말이 있습니다. 그러나 요즘은 캔들도 속이는 기술들이 많기는 합니다. 그러나 매물대를 건드리는 거래량은 사실상 속이는 게 불가능합니다. 주식 거래는 누군가 1만 주를 팔았다면, 1만 주를 매수한 사람이 있습니다. 이렇듯 호가상으로 장난을 쳐서 주가를 방어하는 기술도 있지만 움직이는 거래는 거래량이라는 흔적으로 남게 됩니다. 건드리는 매물대가 넓을 때 거래량이 늘어나고, 반대로 건드리는 매물대가 좁을 때는 거래량이 줄어듭니다. 전체적인 상승과 하락에서 거래량의 변화를 보는 것은 눈으로 봐도 확연하게 느낄 수 있습니다. 주가가 상승하면서 매물대를 건드리면 확실히 거래량이 늘어나고, 가격 변동성이 커지기 때문입니다. 단기로 들어오는 물량도 있고 이전에 매수했던 사람이 본전심리로 매도하는 물량도 있습니다. 또 그 물량을 받아서 추가 상승의 기대감을 가지고 매수하는 사람도 있습니다. 결국 거래량이 주가를 선행하기도 동행하기도 합니다. 개인 매매자는 거래량이 적은 구간에서 매수하는 것을 싫어하는데, 자금과 시간의 한계가 있기 때문입니다. 보통 세력의 매집 패턴에도 흔들기를 하는 이유는 바로 이런 심리를 이용하기 때문입니다. 다음 예를 한번 보겠습니다.

기존 고가를 돌파할 때 거래량이 늘어나고, 장대양봉이 나올 때도 거래가 늘어납니다. 기존 고가를 돌파할 때는 기존 고가를 저항으로 삼아 미리 매도를 걸어둔 물량도 있고, 조금이라도 머뭇거린다면 돌파 실패를 예단하고 던지는 매도 물량도 많이 나옵니다. 그래서 특정 고가 지역을 돌파할 때의 힘, 즉 거래량이 세져야 하는 것입니다. 장대양봉은 데이트레이더의 먹잇감이 됩니다. 거래량이 터지면서 주가 변동성이 주가가 상승하는 쪽으로 쏠리면 단기 차익을 노리는 매매자도 많아집니다. 이것보다 보통 호재성 이슈로

장대양봉이 나오기 때문에 더 시간을 두고 큰 수익을 내려는 수급들도 당연히 들어오게 됩니다. 그래서 결국 매수가 매수를 불러일으키며 거래량이 폭발하게 되는 것입니다. 그런데 거래량이 그렇게 터지지 않으면서 주가가 하락하는 경우도 많이 보는데, 이러한 경우 세력이 어떻게 매도하는 것일까요? 다음 예를 보겠습니다.

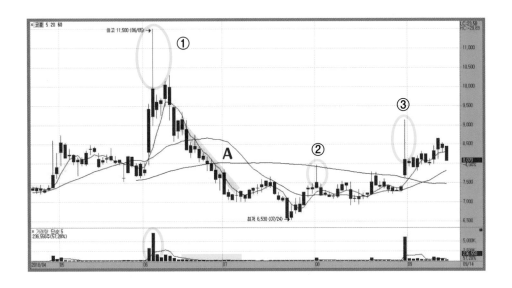

이런 흐름에서 ①캔들은 세력 이탈이라는 사실을 이제는 잘 알 것입니다. 그러나 저 거래량만으로 모든 임무를 끝냈다고 볼 수는 없습니다. A구간 거래량이 거의 없는데도 주가는 흘러내립니다. 결국 세력의 관리가 없었다는 의미인데, 세력의 관리 물량이 없으면 개인끼리는 컨트롤할 능력이 없습니다. 왜냐하면 단합이 안 되기 때문입니다. ②캔들에서 저가 반등이 나오는데 이것은 그간 하락에 대한 반등입니다. 물량 테스트 성격도 함께 포함되어 있습니다.

③캔들도 일종의 되돌림이 나오지만 윗꼬리가 길게 나옵니다. ②캔들과 ③캔들도 세력의 정리 구간 중 하나인 것입니다. 거래량이 터지는 데 비해 윗꼬리가 상당히 길다는 것입니다. 즉 윗꼬리에서 거래량이 많다는 것은 물량을 누군가에게 떠넘겼다는 의미입니다. 거래량이 터진 날의 일봉이 중요한 게 아니라 사실상 어느 가격대에서 터졌느냐가 관건인 것입니다.

11
하락장에서도
매매는 이어진다

하락이 멈추기를 기다렸다가 시장이 진정하면 천천히 접근하고, 상승으로 가면 적극적으로 매매합니다. 이것은 너무도 뻔한 이야기입니다. 주식 매매를 하는 사람들은 어떻게 보면 매매 중독자들입니다. 저점을 예단하다 손실을 키우기도 하고, 저점을 잡고 올라올 때를 놓치기도 합니다. 사실상 완전 고점에서 매도하기도 힘들고, 완전 저점에서 매수하기도 힘듭니다. 그러나 제일 중요한 것은 하락 추세에서 어떻게 매매하느냐는 것입니다. 일단 일반적인 하락 추세에서의 매매 형태는 다음과 같을 수 있습니다.

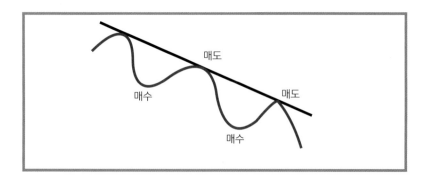

이런 식으로 매매해야 하는데 매수 포인트는 이전 저가를 이탈하면서 반등하는 것을 어느 정도 확인할 필요가 있습니다. 생각보다 반등폭도 짧고, 아차 하는 순간에 반등이 나오고 매도도 놓치면 본전에 못 미치는 경우도 많습니다. 하락장에서 또 많이 쓰는 전략이 낙폭과대입니다. 낙폭과대도 악재에 의한 낙폭과대와 시장에 의한 낙폭과대가 있습니다. 지지점을 잘 잡아야 하고, 앞서 배운 지지와 저항을 잘 이용해야 합니다. 그리고 첫 장에서 배운 분할 매수도 꼼꼼하게 실행해야 합니다. 무조건 낙폭과대를 덥석 매수한다는 건 더 치명적일 수 있습니다.

①캔들에서 저점을 예단하고 매수하면 다음 반등 구간도 크게 나오지 않고 바로 A구간으로 직행하는 경우에는 큰 손실이 날 수 있으며 자칫 손절할 기회도 놓치는 경우가 많습니다. 낙폭과대에서는 이런 패턴을 기억하길 바랍니다.

　A구간 낙폭을 일단 확인합니다. B저점을 확인하고 아직 매수하지 못합니다. C구간에 다시 더블딥, 즉 쌍바닥이 오면 매수, 살짝 훼손이 왔지만 D구간 반등이 나옵니다. 이런 패턴들이 상당히 많이 나옵니다. 기억해두었다가 실전에서 당연히 써야 하는 기법입니다. 낙폭과대가 물론 악재면 안 되겠지만 낙폭과대는 항상 일정의 되돌림이 있다는 것을 잊지 말아야 합니다.

12
상승 전 차트에서
보이는 징조

　급등 바로 전날을 예측할 수 있어서 그날 주식을 많이 사는 꿈을 자주 꿉니다. 세력이 힌트라도 주면 따라갈 텐데 말입니다. 그러나 그들은 힌트보다 오히려 함정을 많이 파놓고 기다리기에 바쁩니다. 세력의 가장 큰 힌트는 5장의 뽈라로에서 매우 좋은 공부를 이미 했습니다. 그러면 상승 전 차트에서는 어떠한 징조들이 나올까요? 첫 번째는 거래량의 변화가 나오는 경우가 많다는 것입니다. 다음 차트를 살펴보겠습니다.

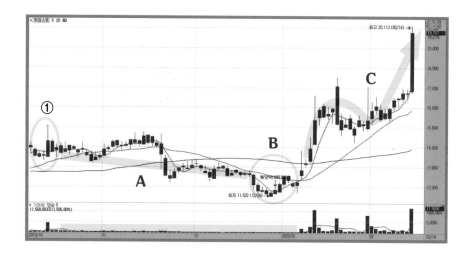

    ①캔들에서 갑자기 많은 거래량을 분출합니다. 그러나 A구간이라는 거래량 절벽 지옥을 경험하게 합니다. 무려 한 달 반이 걸리는데 B구간에서 오히려 저가를 이탈하며 ①캔들의 거래량을 믿은 투자자들은 못 견디게 됩니다. 이 패턴도 매우 많이 나오는 패턴인데, 거래량이 현저하게 없는 구간의 횡보는 무조건 주목해야 하고, B구간에서 원래 저점 지역으로 되돌아올 때를 잘 노려야 합니다. 그리고 추세 폭발 C구간을 맞이하게 되는 것입니다. 또 잘 나타나는 패턴이 있는데 차트를 보겠습니다.

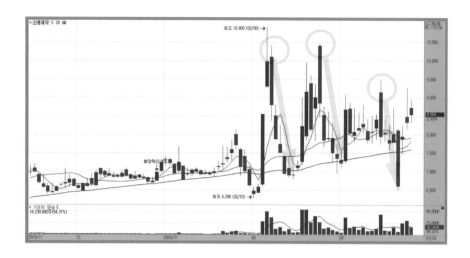

이 차트는 상승하고 바로 음봉으로 나오는 힘이 강합니다. 즉, 추가 상승에 대해 상당히 민감한 편이고 꼭 단발성으로 상승과 하락을 반복하는 것처럼 느껴집니다. 이후의 차트를 보겠습니다.

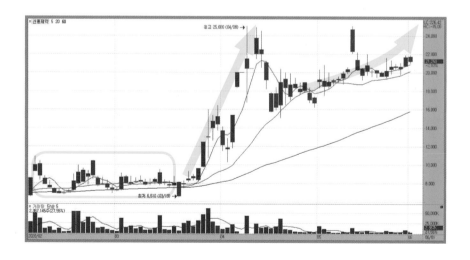

왼쪽의 타원이 바로 이전 차트 부분입니다. 그 이후에 큰 상승을 보였습니다. 물론 이 차트 뒤에 추가 상승까지 나오게 됩니다. 급상승 후 급락하는 패턴도 결국 급등하는 패턴 중 하나입니다. 무조건 잘 기억하기 바랍니다. 5장에서 다룬 뻘라로 돌리와 뻘라로 이글루의 한 맥락이기도 합니다. 기억이 안 난다면 바로 5장을 다시 확인하기 바랍니다.

13
돌파 매수, 추격 매수는
필요 없다

개인들은 추격 매수, 돌파 매수를 사실상 두려워합니다. 물론 이렇게 되려면 어느 정도 안 좋은 경험과 기억도 있어야 하고, 특히 손절의 경험이 크게 작용합니다. 결국 주식은 싸게 사서 비싸게 파는 것도 있지만 덜 힘든 구간에 사야 견딜 수 있다는 것도 알게 됩니다. 아무리 훗날 급등하는 주식도 단가가 좋아야 그 구간을 맞이하게 됩니다. 단가가 견디기 힘들면 대응하기가 쉽지 않습니다. 돌파 매수는 결국 이전 중요한 지역을 돌파했을 때 따라가는 매매입니다. 추격 매수도 비슷한 의미라고 볼 수 있습니다. 특정 수급이 붙고 주가가 더 상승을 하는 것을 목격하면 자꾸 손이 가게 됩니다. 이러한 심리는 결국 상처에서 비롯됩니다. 주식하면서 손실을 봤던 것들을 떠올리며 급등 종목이라 예견하고 그야말로 보상심리를 적용하게 되는 것입니다. 돌파 매수나 추격 매수를 하면서 여태까지의 손실을 메꿀 수 있다는 상상을 하게 됩니다. 그 누구도 매수할 때 잘못되기를 바라지 않습니다. 그러나 돌파 매수나 추격 매수는 그 판단에 있어서 오판을 할 경우가 상당히 많고, 세력들은 그리 쉽게 수익을 주거나 무조건 들고 있어도 된다는 안정적인 심리를 절대 허락하지 않습니다. 다음 예를 보겠습니다.

①캔들에서 대량 거래를 터뜨리면서 5개월 만에 이전 A구간에서 고점을 높였습니다. 그러나 ①캔들에서 보셨듯이 장 초반 상승갭으로 시작해서 이전 고점을 뚫고 밀려 내려오고, 오후에도 다시 고점 갱신의 노력도 못 해보고 밀렸음을 짐작할 수 있습니다. ①캔들에서 자칫 흥분해 이전 고점을 갱신했다고 큰 상승을 도모하며 따라가는 매수를 했다면 아마 큰 손실보다는 당일 하락의 허무감으로 더 자괴감이 들었을 수 있습니다. 주식 매매는 멘탈적인 요소가 상당히 지배한다고 이야기했고, ①캔들 이후 5일 후에는 상당히 괴로운 날이 되었을 것입니다. 머리를 드는 흐름을 돌파라고 하는데, 이전 고가에서 마치 머리로 밀어서 위 뚜껑을 여는 듯한 모습이라

고들 말합니다. 머리를 드는 흐름에서 밀리는 이유는 대부분 이전 물량의 소화력입니다. 너무 많은 물량이 쌓여 있으면 에너지의 크기도 커야 합니다. 돌파 매수나 추격 매수 대신 단기 눌림에 의한 매수 방법 두 가지를 소개하겠습니다. 첫 번째는 이평선 지지 확인 매수입니다. 일단 예를 보겠습니다.

①캔들에서 이전 고점돌파가 나옵니다. 추격을 하거나 따라붙지 못했다고 한다면 일단 그날은 관망합니다. 물론 다음 날부터 날아간다면 그 종목은 나와 인연이 아닌 것입니다. 그 이후 일단 5일선을 이탈하거나 닿는 지역에 매수합니다. ②캔들이 첫 5일선 닿는 부분이 됩니다. 매매는 5일선이 수평에서 우하향으로 꺾이는 지점이나 10일선과 만나는 데드크로스까지가 보유 구간이 됩니다. 이번에는 가격으로 살펴보겠습니다.

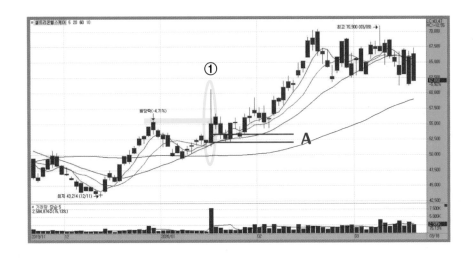

    이 매매 방법은 ①캔들을 기준으로 삼습니다. 그리고 ①캔들의 꼬리는 제외하고 몸통의 절반 자리와 몸통의 시작점을 기준으로 한 A구간이 분할 매수 구간이 됩니다. 매도는 일단 ①캔들의 고점을 통과할 때 자동 절반을 매도합니다. 완전 매도는 앞서 예와 같이 5일선과 10일선이 데드크로스가 날 때 하면 후회는 남지 않습니다. 돌파 매수도, 추격 매수도 이제는 그다지 필요 없게 되었습니다.

14
최대한 손절을
아껴야 하는 이유

손절과 기다림은 개인 매매자의 유일한 무기라는 말도 들어봤을 것입니다. 최대한 손절을 아껴야 하는 이유는 무조건 참고 기다린 다는 의미가 아니기 때문입니다. 원칙에 맞게 매수했으면 꼭 지루 하다고 손절할 필요는 없다는 의미입니다. 물론 악재가 생기거나 가격적인 이탈이 생긴다면 당연히 리스크 관리에 들어가는 게 맞 습니다. 그러나 단순한 지루함으로 손절한다면 내가 팔면 꼭 날아 간다는 말을 실감하게 됩니다.

물론 매수한 포지션에 따라 다릅니다. 급등 지역에서 쫓아갔는데 그곳이 위험한 고점이 될 가능성이 있다면 최적의 리스크 관리 자 리는 미리 잡아놓아야 할 것입니다. 그렇지 않고 그냥 감에 의존하 며 눈대중으로 매매할 수는 없습니다. 손절이 최고의 무기이기는 하지만 만약 급등주만 계속 매매하면서 실패율이 높아진다면 어떻 게 하겠습니까?

비중 50%를 쏟아 급등주를 매매했는데 손실이 10% 발생해서 손절한다고 가정해보겠습니다. 1억 원의 자금을 돌렸다면 일단 500만 원의 손실이 발생합니다. 급등주를 따라가면서 매매하다가 여러 번 손절하는 경우도 있습니다. 그 이유는 복수심 때문입니다. 왜꼭 같은 종목으로 복수하겠다는 마음이 생기는지는 저도 잘 모르겠습니다. 아마도 그 종목에서 손절한 것을 만회하려는 본전심리라는 생각이 듭니다. 그러나 다음 예와 같은 지독한 패턴을 만나서고점매수, 저점매도를 반복하다보면 손실이 매우 커질 수 있고, 짧은 기간 안에 큰 위기를 맞이할 수도 있습니다.

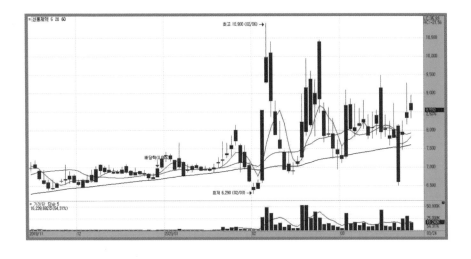

　　개인들에게 큰 위기는 급등주가 매수되는 순간부터 발생하는 경우가 대부분입니다. 상한가 몇 번을 가면 누구나 일단 관심을 가지게 됩니다. 때로는 매수를 걸어보고 실제 짧게 매매를 하기도 합니다. 그러나 추가적으로 더 상승하는 것을 보면 큰 승부를 걸어보고싶은 마음이 생깁니다. 다른 예를 하나 더 보겠습니다.

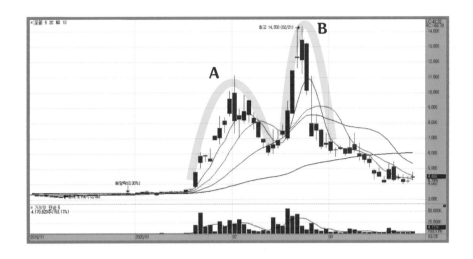

　A구간은 매매를 하는 사람도 있지만 구경만 한 사람도 있습니다. 매매한 사람은 좋은 추억을 가지게 되고, 구경만 한 사람은 꼭 매수 해보고 싶은 마음을 가지게 됩니다. B구간에서 A구간 고점을 돌파 하면 크게 갈 것이라 생각해서 따라가는 매수자가 많아지게 됩니 다. 그러나 B구간의 고점은 너무 짧게 끝나버리고 가혹하게 내려 갑니다. 손절할 시기조차 놓치게 됩니다. 앞에서 눌림에서 매매하 는 기법들을 많이 배웠습니다. 어떻게 하면 효과적으로 저가에 매 수하는지도 많이 배웠습니다. 그러나 원칙을 지키지 못하고, 배운 기법대로 활용하지 않고 감으로 매매한다면 불필요한 손절은 계속 늘어날 것입니다. 이제 제가 이야기한 최대한 손절을 아껴야 한다 는 말에 동의하리라 생각합니다.

15
쳐다보면 당하는
호가창의 진실

저는 직장인이라면 호가창은 굳이 보지 말라고 권유합니다. 왜냐하면 차트도 그렇지만 대개 호가창을 보다가 충동적으로 매수하는 경우가 많기 때문입니다. 사실상 호가창이 진실될 수 없고, 그런 호가창은 보기도 힘듭니다. 지나치게 움직임이 없는 종목조차도 호가창으로 흔히 말하는 장난을 많이 치기 때문입니다. 우리는 대개 매수 대기가 호가창에 많이 쌓여 있다면 주가가 안 빠질 것 같고, 매도 대기가 호가창에 많이 쌓여 있다면 주가가 오르지 못할 것이라고 생각합니다. 그러나 호가창도 지나고 보면 그냥 한순간일 뿐입니다. 사진을 시간속의 한 장면이라고 합니다. 찍히는 순간 과거가 됩니다. 호가창도 그렇게 생각하면 됩니다. 분봉, 일봉들은 쌓여서 후에 큰 의미를 부여하게 되지만 호가창은 지나가면 그냥 한순간일 뿐입니다. 그 누구도 지나간 호가창을 되짚어보지 않습니다. 캔들과는 그 의미가 전혀 다르게 해석되어야 하는 것입니다.

33,600 ▲	5,600	+20.00%	3,222,662	83.93%
증감	33,650	33,600	102,320	14.17%

매도잔량	호가	정보	
1,572	34,100	KOSDAQ	투
3,629	34,050	29,750 시	거
6,436	34,000	34,850 고	외
3,194	33,950	28,550 저	일
221	33,900	28,000 기준	차
813	33,850	36,400 상	뉴
1,334	33,800	19,600 하	권
692	33,750	95 비용	기
2,859	33,700	33,600 예상	
1,400	33,650	14,786 수량	
		▲ 5,600 +20.00%	
33,600	10	33,600	62
33,600	32	33,550	246
33,600	9	33,500	4,475
33,600	46	33,450	8,644
33,600	1	33,400	1,329
33,600	4	33,350	10,473
33,600	2	33,300	1,042
33,600	100	33,250	1,803
33,600	2	33,200	1,775
33,600	592	33,150	517
	22,150	16:00:00	30,366
	160	시간외	

상승 중의 호가창은 그 시간 속의 한 장면일 뿐입니다. 그러나 계속 쳐다보고 있다면 이야기가 틀려집니다. 충동적인 매수를 일으키기 쉽다는 것입니다. 예를 들어 33,650원 호가가 다 소진되려는 순간 함께 따라가고 싶은 충동을 느낍니다. 저기까지는 가겠지, 33,900원 물량이 적으니까 짧게 매매해볼까? 하는 생각이 듭니다. 문제는 매수와 매도세를 잘 가늠하고 호가창을 본 경험이 많은 분들은 어찌어찌 잘 대응한다고 해도 초보자에게는 빠져나오지 못하는 늪이 될 수도 있습니다. 호가창에는 워낙 허위 매수 물량, 허위 매도 물량이 많이 쌓여 있습니다. 물론 호가창 장난도 다 추적을 하지만, 그들을 이기기에는 역부족이고, 그들의 심리전을 벗어나기는 쉽지 않습니다. 여기서 그들은 당연히 주가를 관리해주는 세력

을 말합니다. 이 작은 전쟁판인 호가창안에서 오히려 매매 습관만 나빠질 수 있습니다. 때로는 의도치 않게 손이 먼저 반응해서 매수할 수도 있고, 또한 원래 계획이 호가창을 보다 흐려질 수도 있습니다. 결국 호가창에 대한 호기심이 오히려 투자 마인드를 망쳐놓을 수도 있다는 것입니다.

　호가창이 복잡해서 안 보는 분도 있고, 호기심이 강해서 꼭 알고 싶은 분도 있습니다. 물론 많이 알아서 나쁠 것은 없지만 때로는 몰라서 이득이 되는 경우도 많습니다. 호가창 속 심리는 경우마다 다르고 워낙 속임수가 많다는 게 함정입니다. 우리가 주의해야 할 것은 바로 큰 매물입니다. 예를 들면 큰 뭉치 수급의 이동에 초점을 둬야 한다는 것입니다. 보유하고 있어야 주문이 가능하므로 매도는 실질적인 수량이 됩니다. 하지만 매수는 주문을 하는 것이므로 허위 매수가 빈번하게 늘어납니다. 우리가 매매를 할 때 갑자기 특정 호가에 큰 물량이 대기 매수로 잡히는 경우가 많습니다. 특정 호가에 큰 매수 물량과 매도 물량이 쌓인 곳은 그만큼 중요한 포인트가 됩니다. 그것을 돌파하느냐 못하느냐의 갈림길에서만 봐도 충분합니다. 큰 물량을 빠르게 매수로 소화할 때와 큰 물량을 빠르게 매도로 소화될 때 우리는 지지와 저항과 연관시켜 생각하면 됩니다. 많은 수량의 호가를 돌파한다는 것은 향후에도 영향이 미치지만 호가창은 일단 순간이라는 것을 잊지 말아야 하고, 그 호가창을 굳이 뒤돌려 볼 필요가 없습니다. 주식에서는 이외에도 봐야할 것이 매우 많기 때문입니다. 이제 7장에서는 실전에서 매우 유용하게 사용할 수 있는 필살기들을 소개하겠습니다.

7장

최강주
필살기 모음

Pro Trader

01
26번지 기법

　26번지 기법을 시작하려면 일단 차트 설정부터 하겠습니다. 필요한 것은 일단 일목균형표를 추가하는 것이고, 라인은 그다지 복잡하게 설정할 필요가 없습니다. 가장 중요한 선인 기준선 26만 넣어도 충분합니다. 차트를 설정하고 기법에 대해 설정하겠습니다. 다음 자료처럼 진행을 하는데, 먼저 일목균형표를 차트에 설정한 다음 라인 설정으로 들어가서 '기준선 26'만 체크하고 나머지는 선택하지 않습니다.

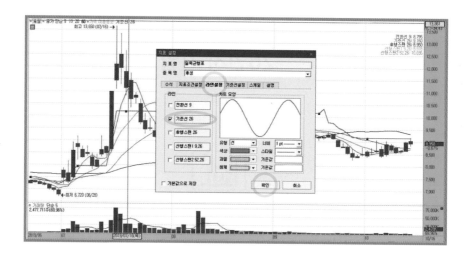

앞의 예처럼 하면 모든 설정은 끝입니다. 간단하죠? 그리고 이제 매매 방법을 보겠습니다. 매우 간단합니다. 기준선 26을 중심으로 매매하는 방법입니다. 기준선은 지지와 저항으로의 역할을 하게 됩니다. 이 매매 방법은 상당히 단순하다는 데 그 의미가 있습니다. 설정이 끝났으면 다음 차트를 통해 살펴보겠습니다.

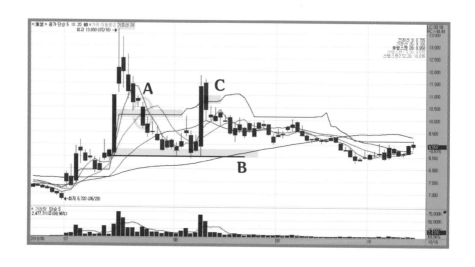

일단 26번지 기법에서 중요한 것은 기준선을 이탈하는 순간부터 매매를 준비해야 한다는 것입니다. A구간에서 기준선 위에 있던 주가는 기준선 밑으로 하락합니다. 이때부터가 매수 준비 시점입니다. 이탈한 순간이 매수 구간이 아니고 B구간까지 기다려야 하는데 B구간은 어디일까요? 네, 그림을 보고 딱 눈치 챘을 것입니다. 바로 A구간 전에 나왔던 장대양봉 시가입니다. 그 자리는 힘의 시작점이자 출발점입니다. 그 자리로 회귀하면 다시 힘의 출발점으로 시작되는 것입니다. 그럼 매도는 어디서 해야 할까요? 간단합니다. 더 올라가고 그런건 무조건 신경 쓰지 말고, 기준선 26으로 다시 회귀하는 C지점이 무조건 매도 구간입니다. 3% 더 오르고, 5% 더 오르고… 이런 건 중요하지 않습니다. 26번지 기법의 원칙대로 대응해야 하고, 그 원칙을 어겨서는 안 되는 것입니다. 그런데, 왜 26번지 기법이라고 부를까요? 기준선 26에서 번지점프를 하고, 번지점프처럼 또 튀어 오른다는 의미에서 그런 이름이 붙었습니다. 예시 하나를 더 보겠습니다. 이 예시를 보면 이탈이 어떻게 나와야 하는지를 명확하게 정의할 수 있습니다.

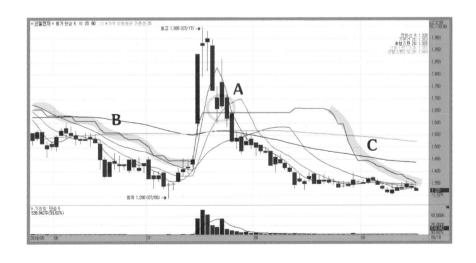

이것은 실패사례일까요? A구간에서 번지가 나왔는데 기준선 26으로 되돌림이 나오지 않았습니다. 이전 차트와 지금 차트의 다른 중요한 점이 있습니다. 지금 B구간 기준선이 흘러내려오고 있다는 것입니다. 번지는 이 종목의 이전 차트처럼 앞의 기준선이 우상향을 유지해야 번지가 나올 확률이 매우 높습니다. B구간처럼 기울게 되면 시간이 길어지면서 되돌림이 나오지 않게 됩니다. 기준선 26도 추세가 있습니다. C구간에서 기준선도 저가를 이탈하게 됩니다. 26번지 기법은 상당히 쉽습니다. 정리하면, 일단 기준선 26이 흘러내리지 않고 우상향인 종목이 기준선 26을 돌파하는 양봉이 나오면, 다시 기준선을 깨고 내려오는 자리까지 기다립니다. 그리고 돌파했던 양봉 시가가 오면 매수하고, 다시 기준선 26으로 반등하는 지점에서 매도하면 됩니다. 어떤가요? 26번지 기법, 너무 쉽지 않습니까?

02
가르강튀아 기법

　영화 〈인터스텔라〉를 보면 가르강튀아라는 블랙홀이 나옵니다. 블랙홀은 강한 중력으로 빛까지 빨아들인다고 합니다. 가르강튀아 기법은 장대음봉 기법입니다. 마치 블랙홀처럼 빨려 들어가서 다른 곳으로 이동해버립니다. 네, 맞습니다. 가르강튀아 기법은 블랙홀이라 볼 수 있는 장대음봉 이후의 매매 방법입니다. 바닥 패턴과 고가 패턴 두 가지 측면에서 응용을 할 것입니다. 일단 바닥 패턴에서 장대음봉은 시장적인 요인도 있고, 종목 자체 문제가 있는 경우도 있습니다. 물론 거래정지를 하거나 횡령배임 위험성이 있는 종목은 안 하는 것이 기본입니다. 다음 예를 살펴보겠습니다.

　일단 거래량이 터지는 장대음봉 ①을 기준봉으로 채택합니다. 그
리고 그 음봉의 몸통 절반과 종가에 선을 긋습니다. 그 크기인 A
구간만큼 아래로 선을 그으면 됩니다. 그 지역인 B가 매수 구간입
니다. 그 사이에 분할 매수를 하면 되고, 매수 후에는 이제 수익을
내기 위한 기다림이 필요합니다. 일단 중요한 것은 A구간으로 올
라타는 힘을 확인해야 합니다. 목표가는 A구간 상단이 됩니다. 운
이 좋으면 단 몇 분만에도 A구간을 통과하겠지만 한 달 이상 걸리
는 경우도 많습니다. 기간도 중요하겠지만 확실한 수익이 중요합
니다. 이 예도 결국 C구간에서 목표가를 터치했음을 알 수 있습니
다. 이렇게 공식화되어 있기 때문에 눈대중으로 조금만 더 수익을
내려는 욕심을 부려서는 안 됩니다. 미리 매도 주문을 넣고 쳐다보
지 않는 방법을 써도 무방합니다. 가르강튀아 기법의 다른 예를 보
겠습니다.

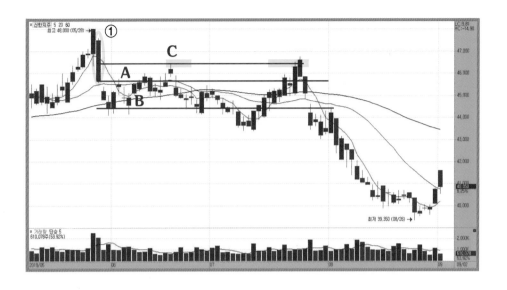

　역시 ①구간을 가르강튀아의 기준 음봉으로 삼고 매수 구간 B에
서 매수를 시작합니다. C구간에서 빠르게 A구간을 통과하는 자리
를 주었으나 오차로 놓치거나 깜빡했을 수도 있습니다. 다시 한 번
나중에 기회를 주는데 이때 욕심을 부렸다면 어떻게 될까요? 그다
지 좋지 못한 상황으로 흘러가는 것을 알 수 있습니다. 항상 미리미
리 대응이 되어야 하고, 때로는 과감한 결정도 필요할 때가 많습니
다. 주식 매매에서는 꼼꼼하게 체크해야 합니다. 그러나 잘 습관화
되어 있고, 이렇게 기법들로 공식화되어 있다면 실수를 현저히 줄
일 수 있습니다. 가르강튀아 기법 역시 어렵지 않게 공식화해서 편
하게 사용할 수 있는 기법입니다.

03
틱박스 기법

이번에는 틱박스 기법을 보겠습니다. 이번에는 차트를 틱에서만 보게 될 것이고, 앞에서 박스 기법을 미리 공부했기 때문에 수월하게 따라갈 수 있습니다. 일단 차트를 함께 설정하겠습니다.

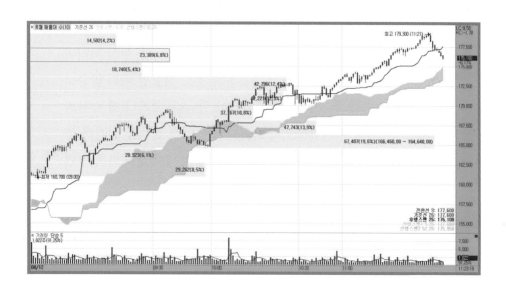

먼저 틱 차트에 일목균형표를 설정하고 매물대를 함께 설정하면 더욱 편하게 볼 수 있습니다. 이 예는 60틱인데, 거래량에 따라서 늘릴 수도 줄일 수도 있습니다. 틱 개수의 선택은 자꾸 해보면 그 감이 생각보다 쉽게 잡힙니다. 어차피 틱박스 기법은 단타 혹은 단기 매매에서만 사용하게 됩니다. 틱을 이용하는 매매이므로 당연하고, 틱으로 대응한다는 의미가 짧은 흐름만 본다는 의미이기 때문입니다. 틱이 상승 추세를 타고 고점까지 가는 데 1시간이 안 걸리는 경우도 있고, 4시간이 걸리는 경우도 있습니다. 물론 그날의 수급에 따라 다르고, 관리해주는 세력에 따라 그 힘의 강도가 다릅니다. 틱박스 기법은 매우 간단하고 첫 상승 고점에서 첫 조정 저점만 볼 수 있으면 됩니다. 그럼 앞의 차트에서 박스를 한번 그려 보겠습니다.

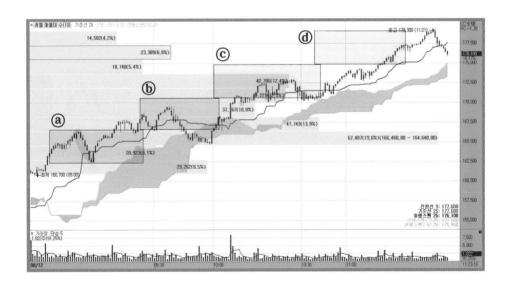

ⓐ박스를 먼저 그리면 되는데 매우 간단합니다. 첫 상승 구간에서 고점과 저점을 박스로 그립니다. 그리고 ⓐ박스와 똑같은 크기를 가진 박스 세 개를 그려놓고 차례대로 위쪽에 겹치게 쌓으면 끝입니다. 매수 방법은 ⓐ박스를 확인하고 ⓐ박스 상단과 하단에 2분할 매수를 주문합니다. 이 예에서는 ⓐ박스 하단을 다시 주지 않습니다. 그러므로 ⓐ박스 상단만 매수됩니다. 매수를 했으니 이제 매도를 미리 깔아두어야겠죠? ⓑ박스 상단, ⓒ박스 상단, ⓓ박스 상단에 매도를 걸어둡니다. 여기서도 마찬가지로 욕심은 금물이고 눈대중으로 더 간다는 마음을 가지면 안 됩니다. 박스는 딱 위로 세 칸만 만듭니다. 만약 ⓒ박스에서 매도가 되고 이 예에서는 ⓓ박스 상단을 충분히 주었지만 만약 실전에서 미달이 된다면 어떻게 할까요? 다시 ⓒ박스 상단까지 밀리면 전량 매도로 대응합니다. 이것은 예외가 없어야 합니다. 틱박스 기법은 틱으로 진행되기 때문에 상당히 빠른 속도로 전개됩니다. 하지만 매우 간단하다는 장점이 있습니다.

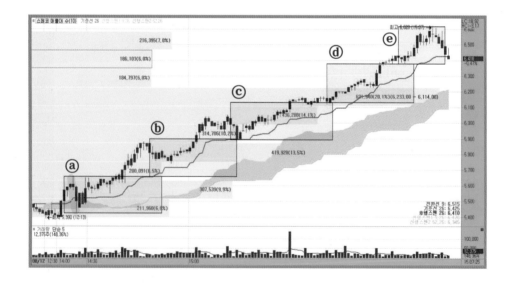

예를 하나 더 볼 텐데, ⓐ박스를 그리는 건 이제 쉬울 것입니다. 근데 앞서 그림은 이상하게 박스가 하나 더 그려져 있습니다. 위로 세 박스만 하면 된다고 했는데 왜 그럴까요? 정확하게 한 박스가 그 끝이 맞아 떨어집니다. 이렇게 오차가 없다고 해서 자꾸 예외를 두지 말라는 의미에서 올린 예입니다. 역시나 ⓑ, ⓒ, ⓓ박스만 대응하면 틱박스 기법은 손색없는 매우 유용한 기법이 될 것입니다. 이 책을 읽고 나면 아마 당장 실전의 예를 찾게 될 것입니다.

04
5일선 돌파 기법

5일선 돌파 기법은 매우 간단하게 매매를 할 수 있습니다. 5일선 돌파 캔들을 기준으로 하는 매우 간단한 기법입니다. 일단 예를 통해 보면 이해가 훨씬 빠를 것입니다.

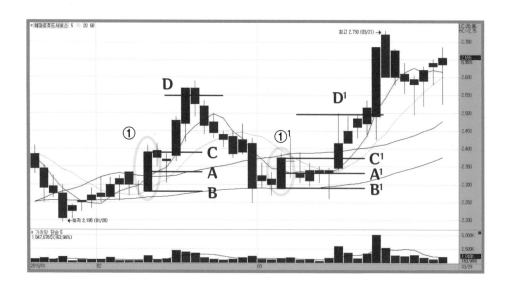

일단 기준이 되는 캔들은 5일선을 몸통으로 관통하는 캔들입니다. 갭으로 돌파해서도 안 되고, 돌파했다가 되밀려서 종가가 5일선 밑으로 가지 않아야 합니다. 이 그림에서 기준이 되는 캔들은 ①과 ①¹이 되겠습니다. 매매법은 간단합니다. ①의 경우 기준봉이 잡히면 그 중간값인 A와 B 사이가 매수가가 됩니다. 더 심플하게 하려면 중간값인 A에 매수하고, 그다음 매수를 B에 하는데 안 오면 안 사는 전략을 펼칩니다.

5일선 돌파 기법도 단기적인 흐름으로 보는 것이기 때문에 짧은 매도 전략이 필요합니다. 일단 ①캔들의 종가인 C에 미련 없이 절반을 매도합니다. 그리고 다음 매도는 ①캔들의 몸통 길이만큼 하면 됩니다. 즉, D가 그 자리가 됩니다. 그러나 역시 D에 미달되면서 다시 C구간으로 간다면 어떻게 할까요? 미련 없이 매도로 대응하면 됩니다.

다음 예인 ①¹도 같은 맥락에서 매수와 매도가 이루어집니다. 5일선 돌파 기법은 빠르게 대응한다는 장점이 있지만 돌파 캔들인 기준 캔들의 길이가 짧으면 수익 폭이 매우 작다는 단점도 있습니다. 하지만 특히 불안정한 장에서 짧게, 요긴하게 매매할 수 있다는 큰 장점도 가지고 있습니다. 다른 예를 하나 더 보겠습니다.

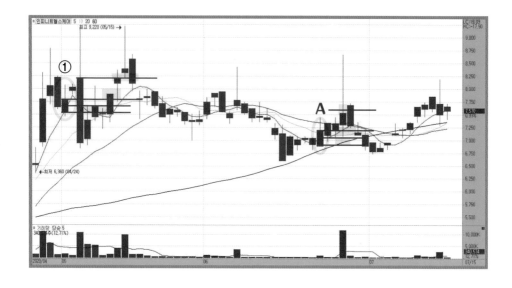

이 예는 매우 스피드 있게 나온 경우입니다. 그러나 변동성이 커서 상당히 혼란스럽기도 합니다. 일단 기준이 되는 ①캔들 이후 변동성이 매우 큰 캔들이 나옵니다. 그러나 목표가가 아쉬울 정도로 이후에 큰 슈팅도 나옵니다. 그러나 윗꼬리 또한 만만치 않은 변동성을 보입니다. 이런 구간에서 조심해야 할 것은 바로 혼돈입니다. 큰 가격 변동성 중 자칫 욕심을 부릴 수 있습니다. 그러나 기법이라는 틀에서 제일 중요한 것은 원칙입니다.

A구간은 매우 빠르게 진행됩니다. 다음 날 매수가를 주고 그다음 날 1차 매도, 바로 다음 날 2차 매도로 매매가 종결됩니다. 기준 캔들을 보고 단 3일 만에 매매가 끝납니다. 앞서 두 가지 예를 살펴보았는데, 중요한 것은 그 어떤 경우에도 기준을 이탈하지 않고 원칙대로 대응해야 한다는 것입니다. 기법의 공식을 어긴다면 기법도 아무 소용이 없는 것입니다.

05
6060 기법

　6060 기법은 분봉에서 사용하는 기법입니다. 6060은 60분봉 차트의 60선을 의미합니다. 분봉에서는 20분선, 60선, 120분선이 가장 중요합니다.

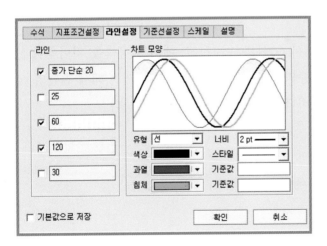

일단 분봉에서 앞의 그림처럼 세 가지 이평선을 설정하고, 기준이 되는 60선에는 굵은 표시를 해두면 보기가 편합니다. 그러면 다음과 같이 차트를 꾸밀 수 있습니다.

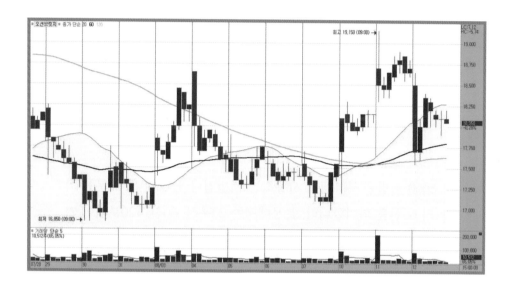

60분봉 차트에서 60선은 수평하고, 에너지 응축을 의미합니다. 결국 6060은 상승의 신호탄이 됩니다. 바닥에서는 대세 전환의 시작점이 됩니다. 바닥에서 6060의 예를 보겠습니다.

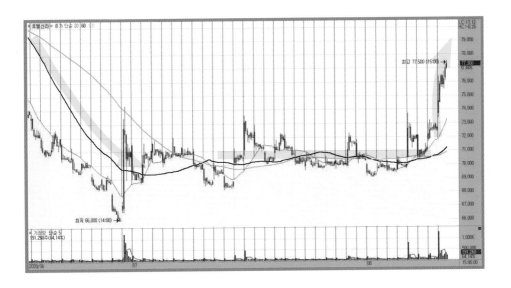

　　6060이 하락을 끝내면서 서서히 수평하는 구간이 나옵니다. 그
수평 구간 동안에 60선을 돌파했다, 밀렸다를 반복하면서 바닥을
다지는 작업이 나오게 됩니다. 그리고 120분선까지 합체되면서 결
국에는 상승 에너지를 폭발시키는 모습입니다. 매수 포인트는 60
선을 들락날락하는 것을 확인하는 곳 중에서 당연히 이탈했을 때
입니다. 잘 수렴하는 구간이지만 비싸게 살 필요는 전혀 없습니다.
자, 그럼 6060을 이용한 매도 방법을 보겠습니다.

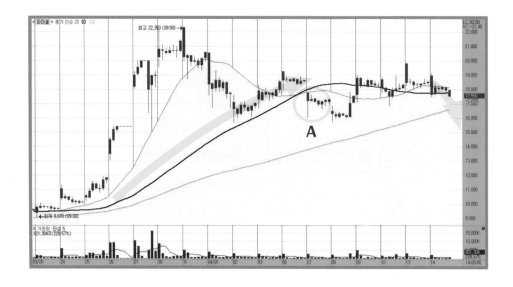

　　최고점 매도는 6060으로는 불가능합니다. 그러나 흐름이 꺾이
는 지점은 정말 잘 찾아낼 수 있습니다. A구간이 60선이 처음 이탈
된 곳입니다. 우상향하던 60선을 이탈하면 어김없이 자동으로 매
도하는 것이 좋습니다. 이틀 후 장 초반 다시 복귀하지만 이미 그
때는 60선도 기울고 있습니다. 역시 6060도 계산기나 각도기 없이
편하게 매매할 수 있는 기법 중 하나입니다. 수평하고 뭉치면 매수
하고, 우상향이 꺾이고 이탈되면 매도하는 매우 간단한 기법 중 하
나입니다. 6060 기법은 바닥에서 대세 전환을 확인하는 방법이 되
기도 합니다.

06
슈퍼소닉 기법

슈퍼소닉은 왠지 상당히 빠르고 날아가는 이미지가 있습니다. 네, 슈퍼소닉 기법은 급등주를 잡는 매매 기법입니다. 가끔 단기간에 매우 크게 가는 종목들이 나옵니다. 그러나 이런 종목들은 매수하기 쉽지 않습니다. 매수하려고 하면 잡히지 않고, 따라가서 추격해서 매수에 성공하면 고점이 됩니다. 과연 이렇게 급등하는 종목을 잡는 방법이 있을까요? 먼저 차트 설정부터 하겠습니다.

차트처럼 2, 3, 4, 5 이평선을 설정해주고 가격을 고가로 수정하면 됩니다. 우리가 쓰고 있는 차트는 종가입니다. 즉, 종가 단순에서 고가 단순으로 그 값을 바꾸면 됩니다. 이제 예를 보면서 설명하겠습니다.

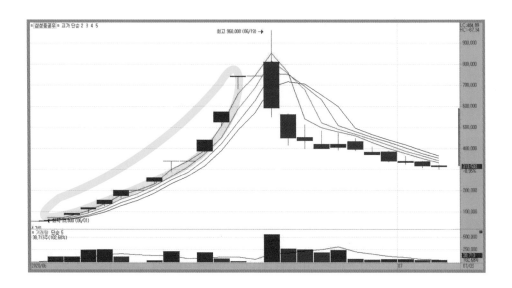

노란 표시 부분을 보면 모두 상한가 행진을 벌이고 있습니다. 그런데 방금 설정한 2, 3, 4, 5 고가선에 닿은 부분을 한번 체크해볼 필요가 있습니다. 2, 3고가 선에 많이 걸리는 것을 볼 수 있습니다. 2번의 상한가나 1번의 상한가와 그와 비슷한 장대양봉이 나오면 다음부터 2고가 중심으로 매수를 걸면 급등주가 잡힙니다. 2고가선에 절반, 3고가선에 절반 매수를 미리 걸어둡니다. 매도는 5고가선에 처음 닿는 순간 무조건 뒤도 돌아보지 않고 매도를 하면 됩니다. 급등 후 급락이 오고 그다음에 주가가 진정되고, 반등매매가 나

오는 것입니다. 더 긴 흐름을 보는 건 차후의 문제입니다. 그림을
하나 더 보겠습니다.

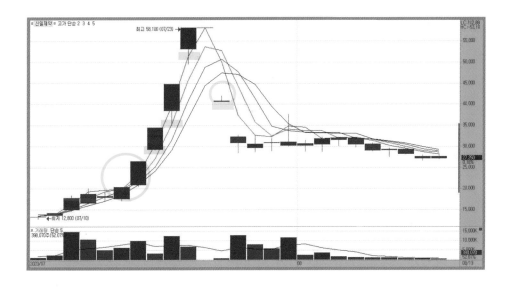

　이 그림은 역시 두 개의 강한 장대양봉 뒤에 2고가, 3고가를 정확
히 지지하며 상승합니다. 그러나 5고가선을 이탈하는 과정이 좋지
않습니다. 이탈했으니 당연히 매도해야 하며 다행히 매도 자리도
주게 됩니다. 슈퍼소닉 기법 없이 고가에서 그냥 추격했다면 수익
은커녕 큰 손실을 안겨줄 수 있었던 좋은 사례입니다. 슈퍼소닉 기
법대로 했다면 5고가 하락갭으로 떨어진 날 매도해도 수익으로 종
료되었을 매매였습니다. 이제 기법은 반드시 원칙대로 해야 하는
이유가 명확해졌습니다.

07
스윕 기법

스윕(Sweep) 기법은 장대양봉 익일에 바로 매매하는 기법입니다. 단, 하락갭이 뜨는 경우에만 해당되는 기법입니다. 장대양봉의 크기가 클수록 좋고 윗꼬리가 최대한 짧으면 좋습니다. 간혹 우리는 상한가나 혹은 윗꼬리가 거의 없는 강한 장대양봉 이후에 하락갭으로 떨어지는 종목을 봅니다. 강력한 양봉 캔들 익일에 하락갭이 나온다는 것은 몇 가지 경우입니다. 첫 번째는 강한 상한가가 아닐 경우인데, 상한가가 들어갔다가 자꾸 풀리는 경우입니다. 그런 경우 장 마감 후 그다지 좋지 않은 소식까지 나오면 익일 하락갭으로 시작할 가능성이 큽니다. 두 번째는 시장의 영향이 있는 경우입니다. 시장이 큰 악재를 만나서 크게 하락으로 출발하는 경우 전일 강했던 종목들도 역풍을 맞을 수 있습니다. 세 번째는 장대양봉 이후 시간 외 거래에서 매물이 쏟아지는 경우입니다. 종종 이럴 때가 있는데, 그렇게 되면 시간 외 거래의 영향으로 다음 날 하락갭으로 출발하는 경우가 많습니다.

　①캔들 익일과 ②캔들 익일이 이러한 경우에 해당됩니다. 이런
경우는 전일 거래가 상한가 급이 아닐 경우이고 시초가 하락갭에
서 매수를 하지 않습니다. 일단 전일 양봉의 절반 지역과 시가 지
역에 라인을 그어둡니다. 시초가가 절반 지역 위에서 시작하면 절
반 자리에 매수하고, 절반 자리 이하에서 시초가가 형성되면 하단
자리에 매수를 걸면 됩니다. 반등 폭은 항상 짧게 가져가야하며 매
수가에서 3% 정도에 절반을 매도하고, 만약 전일 종가, 즉 전일 양
봉 종가까지 회복하면 그 자리에서 매도하면 됩니다. 그렇지 못하
고 3% 매도 자리로 되돌아오면 어김없이 전량 매도를 해야 합니
다. 다른 예를 보겠습니다.

　역시 ①과 ②가 스윕 기법에 해당됩니다. ①캔들은 상한가였는데, 다음 날 시초가 -2.2%는 상당히 아쉽습니다. 시작하자마자 일단 강한 슈팅이 나옵니다. 이런 경우는 시가를 회복하는 순간이 매수가가 됩니다. 시초가가 그렇게 낮지 않기 때문입니다. 매도는 역시 이전 저항이나 3%를 절반으로 끊어가는 전략도 있고, 앞에서 배운 틱박스 기법을 이용하면 매매가 더 쉬워질 것입니다. ②양봉도 시초가가 그렇게 낮지는 않습니다. 당연히 양봉 종가를 돌파하면 매수해야 할 찬스입니다. 그리고 제법 길이가 있는 ②양봉의 윗꼬리 고가까지 갱신하는 힘을 보입니다. 이 역시 3%에 절반 매도를 기본으로 하고, 그 이상은 역시 틱박스를 응용하는 게 최상의 방법이 되겠습니다. 이렇게 매매 기법들은 그리 어렵지 않고, 실전에서 확률도 높은 특징들을 가지고 있습니다.

08
이격 매매 기법

　이격 매매 기법은 하락장에서도 요긴하게 쓰일 수 있는 기법입니다. 먼저 5일선, 10일선, 20일선만 사용하면 됩니다. 이격 매매 기법은 세 개의 이평선이 최대로 벌어졌을 때 매매를 하는 기법으로 역배열일 때만 공략합니다. 하락장이니까 당연히 역배열 종목들이 가장 많을 것입니다. 역배열이란 큰 이평선들이 위로 가는 것을 말하고, 이격 매매 기법에서는 20일선, 10일선, 5일선 순서로 역배열이 날 때 공략합니다. 그리고 이 기법은 눈대중이 가미된 기법으로 어느 정도 차트를 보는 센스가 있어야 합니다. 그리고 종가에 매수하는 것이 유리한데, 종가 무렵이 그날 이평선의 종가도 되기 때문입니다. 이격 매매 기법의 핵심은 5일선, 10일선, 20일선의 이격이 가장 벌어지고 최대한 균등하게 벌어진 구간을 찾는 것입니다. 매수는 무조건 5일선이 깨지는 5일선 아래에서만 해야 합니다. 그러면 예를 보겠습니다.

　노란 표시 구간이 이격 매매 기법의 구간이 됩니다. 역배열이 되었고 이격이 최대한 벌어지면서 20일선과 10일선, 그리고 10일선과 5일선 간격이 가장 균등합니다. 그 자리가 바로 이격 매매 기법에서 매수 자리가 됩니다. 매수는 5일선이 깨지는 자리이고, 결국 5일선 아래에서 매수를 해야 합니다. 매도는 2회 분할 매도를 하는데, 10일선과 20일선에 매도하면 됩니다. 이 그림에서 훨씬 더 많이 가는 것은 볼 필요가 없습니다. 하락장에서 쓰는 매매 기법은 장시간 사용하지 않는 것이 유리합니다. 그야말로 하락장이기 때문입니다. 또 다른 예를 보겠습니다.

　앞의 그림과 같은 예는 조심해야 할 경우 중 하나입니다. 5일선
이 깨지는 음봉 자리가 매수 자리가 됩니다. 운 좋게 바로 다음 날
10일선을 주면서 절반 매도가 됩니다. 그러나 두 번째 매도 자리인
20일선 리터치가 나오지 않습니다. 시간이 조금 흘러서 ①캔들에
서 20일선 터치가 드디어 나옵니다. 시가에 던져도 20일선이 되는
데 그 자리를 매도하면 매수가 정도로 수익이 없습니다. 물론 1차
매도에서 수익이 났기 때문에 2차 매도가 본전이 되어도 최종은 수
익입니다. 좀 더 기다리고 오를 때 매도하면 될까요? 이 예에서는
다시 크게 상승하지만 실전에서는 무조건 매도를 권유합니다. 다음
의 다른 예를 보겠습니다.

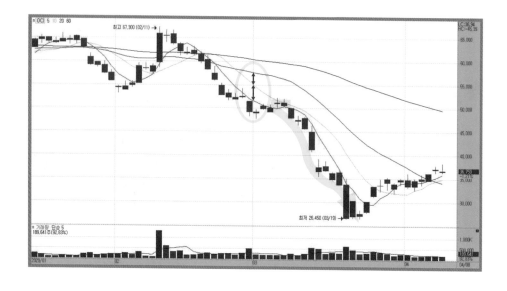

　왜 실전에서 빠른 매도를 해야 하느냐고 묻는다면, 하락장에서 기법은 더욱더 예외를 두면 안 되기 때문입니다. 앞의 예는 10일선 절반 매도 후 매수가를 깨면 완전히 빠져나가야 되는 상황이 옵니다. 분할 매도를 했다면 다행이지만 빠르게 대응하지 못하면 엄청난 손실을 가져오게 됩니다. 상승장에서는 주문 실수를 해도 수익이 나고, 딴 종목을 실수로 사도 수익이 보전될 가능성이 높습니다. 그러나 하락장은 상황이 완전히 다릅니다. 빠른 대응은 물론이고 예외 없는 원칙을 고수해야 실패할 확률이 낮아진다는 사실을 명심해야 합니다. 다른 예를 하나 더 보겠습니다.

　이 종목은 우리나라 시총 1위인 삼성전자입니다. 삼성전자로도
낙폭과대를 짧게 매매하는 이격 매매 기법이 적용될까요? 대답은
대형주도 소형주도 큰 상관이 없다는 것입니다. 삼성전자 역시도
마찬가지로 이격이 벌어지고 5일선, 10일선 공방을 하는 종목입니
다. A구간에서 매수가 가능한데, 역시 5일선을 이탈한 자리에서 매
수하게 됩니다. 다음 흐름도 역시 같고 10일선 돌파, 20일선 돌파
에 매도하면 큰 어려움 없이 매매할 수 있습니다. 이격매매 기법은
쉬우면서도 감각이 있어야 하고 판단도 잘해야 합니다. 그러나 역
시 이 기법도 계산기조차 필요 없는 간단한 기법입니다.

타원형 기법

타원형 기법은 일봉, 주봉, 월봉 차트에서 모두 적용할 수 있습니다. 그러나 월봉은 너무 단위가 커져서 주로 일봉을 사용하고, 주봉 타원형은 짧은 매매가 아닌 대세 종목을 발굴할 때 사용하면 좋습니다. 먼저 주봉 타원형 예부터 보겠습니다.

주봉 차트에서 바닥으로 타원 모양이 형성되는 것을 볼 수 있습니다. 일단 타원형이 나오는 이유는 왼쪽 하락부분이 경사가 완만해지고 중간에는 이중 바닥을 잡으며 바닥 확인 작업이 되었음을 알 수 있습니다. 첫 번째 매수가 가능한 지역은 이중 바닥 자리가 아니라 확인하고 올라오는 자리입니다. 딱 저점을 예단하면 추가 하락 여부도 체크가 안 되고 하락하는 경우가 많습니다. 더 고가에 매수하더라도 이전 저점을 지지하고 올라가는 것을 확인해야 합니다. 다음 매수 구간은 B가 될 수 있는데, 이전 고점들의 물량을 소화하는 것을 확인하고 매수합니다. 이것이 일봉이면 마치 돌파 매수, 추격 매수처럼 보일 수 있으나 주봉에서는 한 캔들이 5일 걸린다는 사실을 잊어서는 안 됩니다. 금요일 종가가 나와야 주봉의 종가도 나오게 되는 것입니다. 그래서 금요일 오후장이 변동성이 있는 것은 주말 리스크도 있지만 주봉의 마감이라는 사실에 주목할 필요가 있습니다. 매도는 역시 이전 고점 라인인 C구간부터 주의를 기울여야 합니다. 이전 고점에 닿았을 때 일부 수익 실현을 하는 것도 좋은 방법입니다. 그리고 돌파에 성공하면 더 큰 추세를 볼 수 있게 됩니다. 다음은 일봉 차트로 보는 타원형 기법입니다.

　일봉에서 타원형 기법입니다. 역시 주봉과 같은 그림이나 주봉의
5분의 1이기 때문에 일봉에서 체감하는 속도 역시 5분의 1이라고
생각하면 됩니다. 이전 저점을 확인하는 A구간이 역시나 매수 포인
트가 되고, 놓쳤다고 하면 이전 고가 돌파 자리인 B에서도 늦지 않
습니다. 물론 눌림도 나올 수 있지만 그만큼 A보다 높은 가격에서
샀기 때문에 그 정도 각오는 있어야 합니다. 매도 구간은 이전 고점
C가 되는데, 역시 저항에서 절반을 미리 매도해두면 운영하기 더
욱더 편합니다. 마음이 편하기 때문입니다. 그런데 추가 상승을 하
지 못하고 이탈하는 캔들이 나온다면 바로 매도하는 게 정석입니
다. 다음 예도 보겠습니다.

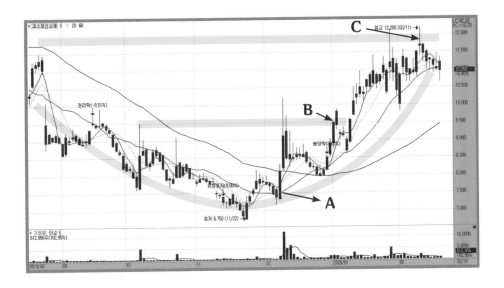

이 예도 앞과 비슷합니다. 역시 바닥을 확인하는 A가 첫 번째 매수 포인트가 됩니다. B구간은 앞에서 매수하지 못했다면 가능한 지역이 됩니다. 그러나 앞서 염려했던 것처럼 그다지 호락호락하지 않습니다. 눌림이 있는데, 잘 견딜 수 있는 배짱도 필요하고 확신도 필요합니다. 주식을 하다보면 확실히 공부를 많이 한 분들이 잘 버티는데, 그 이유는 잘 알기 때문입니다. 많이 알면 두려움도 적고, 흔들기에도 더 단단하게 버티는 경우가 많습니다. C는 이전 고점 라인이고 매도 라인이 될 것입니다.

일봉에서 보는 관점이 더 빠르고 재미있겠지만 대세적인 큰 흐름으로 수익을 크게 내는 데는 주봉을 활용한 타원형이 더 좋습니다. 아까 구체적인 예를 보지 않았던 월봉 타원형을 잠깐 볼까요?

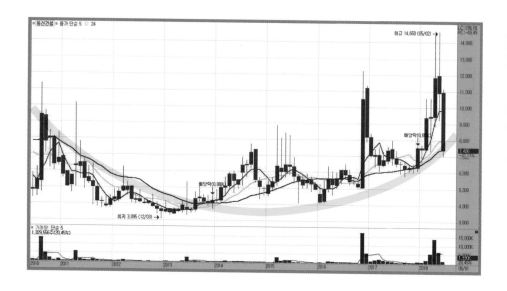

이것도 타원형 기법이 맞습니다. 원칙대로 해도 3배 이상 수익이 납니다. 그러나 월봉이라 매수 자리에서 매도 자리까지 무려 2년이 걸립니다. 과연, 기다릴 수 있을까요? 물음표를 던지며 타원형 기법을 마칩니다.

10
오실레이터 기법

오실레이터 기법은 MACD 오실레이터를 이용한 매매 기법입니다. 간략하게 오실레이터 기법이라고 부르겠습니다. 그러나 MACD 오실레이터가 따라 하기는 그렇게 만만하지 않습니다.

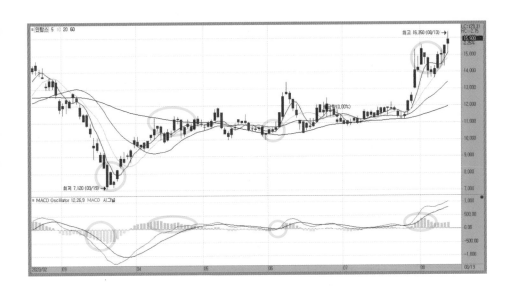

앞의 차트를 보면 기준값 0 이하일 때는 파랑그래프, 0 이상일 때는 주황그래프가 나옵니다. 파랑그래프가 주황그래프로 바뀌는 곳이 변곡점입니다. 여기서는 몇 가지 매매 스타일이 발생하는데, 확대해서 보겠습니다. 먼저 첫 번째 매매 구간입니다.

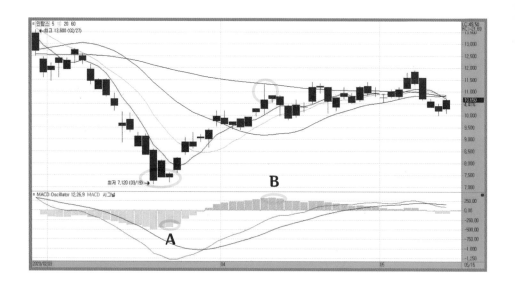

당연히 저점인 A에서 매수하면 좋지만 현실적으로 불가능합니다. 가장 현실적인 방법은 MACD 오실레이터의 값이 2일 연속 마이너스로 줄어든 지역의 종가 베팅입니다. MACD 오실레이터 값은 파랑그래프에서는 당연히 마이너스로 나타납니다. 기준선 값이 0이기 때문입니다. 그리고 매도는 역으로 주황그래프가 2일 연속 감소된 지역에서 매도해야 합니다. 며칠 후에 "더 올랐네…" 하는 말은 이제 할 필요가 없습니다. 정말 중요한 원칙이기 때문입니다. 다음 매매 구간을 보겠습니다.

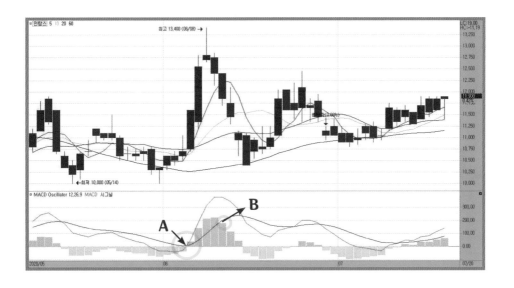

이 구간은 짧게 관찰하고 대응하는 구간이 되겠습니다. A가 파랑 그래프에서 주황그래프로 넘어가는 경계선입니다. 즉, 기준값 0을 돌파하는 순간 매수하는 방법입니다. 물론 장중에 0이 넘었다가 다시 마이너스로 가는 등 치열합니다. 그러나 변환점을 보는 짧은 매매임을 잊어서는 안 됩니다. 0을 넘기는 순간 매수합니다. 매도 포인트도 당연히 짧게 가져가야 하는데 앞의 예에서는 2일 연속 수치가 감소하면 매도였지만, 여기서는 단 하루라도 종가 수치가 적어지면, 즉 주황그래프 높이가 낮아지면 바로 종가 매도로 대응해야 합니다. 그래야 오실레이터 기법이 완성되는 것입니다. 또 다른 매매 구간을 살펴보겠습니다.

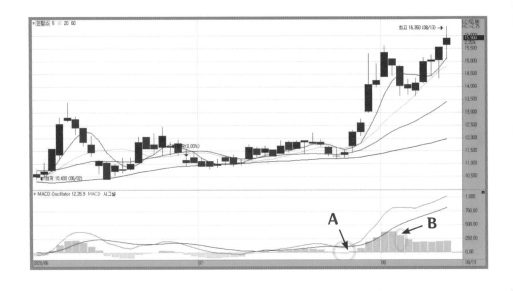

하늘색 그래프의 기간이 겨우 2일입니다. 즉 기준값이 단 2일 마이너스가 나왔다는 것입니다. 이런 경우 A구간에서 기준값이 플러스가 되는 순간 매수하거나 늦어도 종가 베팅에 들어가야 합니다. 왜냐하면 하늘색 그래프 기간이 짧아서 상승에너지가 갑자기 커질 수도 있기 때문입니다. 매도는 역시 깊은 눌림에서 매수하지 않았기 때문에 기준값이 하루라도 떨어지면 매도입니다. B구간에 소폭 하락했지만 매도입니다. 향후에 고가를 갱신하고 더 가는 모습이 배가 아프다고요? 그렇다면 오실레이터 기법을 사용할 수 없습니다. 오실레이터 기법은 MACD 오실레이터를 이용하면서 빠르게 대처할 수 있습니다. 수치의 변화에 너무 민감해도 안 되지만 너무 둔감해도 안 됩니다. 특히 종가에 예민하게 반응해야 하는 기법임을 잊어서는 안 될 것입니다.

11
리바운딩 기법

　우리가 일정 높이에서 공을 바닥으로 떨어뜨린다고 가정해보겠습니다. 어떤 공이냐에 따라 반발작용이 다릅니다. 또한 어떤 바닥인가에 따라서도 반발작용이 다르게 나타납니다. 그렇다고 주식은 장대음봉이 크게 나왔다고 반등이 더 크지는 않습니다. 오히려 더약하게 나올 수 있습니다. 그래서 캔들의 조합도 봐야 하고, 추세와 파동은 늘 차트를 꿰고 있어야 하는 것입니다. 전체적인 흐름을 보는 눈을 가지면 그만큼 차트를 파악하는 실력도 늘고, 시간도 단축할 수 있습니다.

　리바운딩 기법은 앞의 기법들과는 다르게 양봉과 음봉을 기준으로 두지 않고 종합적으로 해석하는 분석 기법입니다. 즉, 반등의 크기를 가늠해서 매매하는 종합적인 판단 기법이라고 할 수 있습니다. 일단 차트 두 개를 보겠습니다.

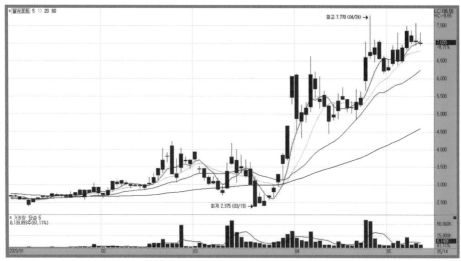

똑같은 기간에 코로나 사태를 겪은 종목 두 개입니다. 차트는 완전히 다른 모습입니다. 위쪽 종목은 폴더블디스플레이 관련주이고, 아래쪽 종목은 화상회의시스템 관련주로 언택트 관련주로 분류되

었습니다. 3월 중순 저점을 보낸 것은 둘 다 같습니다. 그러나 이후의 흐름은 완전히 달라집니다. 이처럼 큰 낙폭에서 서로 리바운딩한 크기가 다릅니다. 이럴 때 가장 핵심이 되는 기준은 낙폭 초입을 얼마나 빨리 회복하느냐 입니다. 그럼 앞서의 예처럼 특수성이 있는 경우 외에 일반적인 리바운딩의 원리는 무엇일까요?

단순하게 결국 주식에서 가장 큰 호재는 싸다는 것이고, 악재는 비싸다는 것입니다. 리바운딩이 일어나는 이유는 가격이 싸졌거나, 상대적으로 싸 보이기 때문입니다. 무조건 나오는 리바운딩이 있는데 낙폭과대 리바운딩과 되돌림 리바운딩입니다. 이 두 가지만 알면 리바운딩 매매는 쉽게 끝납니다. 예를 들어보겠습니다.

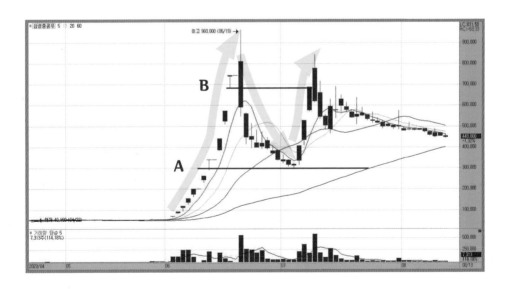

앞의 차트는 단기간에 상당히 급등한 예입니다. 급등 중에 의미 있는 거래량이 나오면서 조정이 나왔던 자리가 A와 B입니다. 특히 조정을 받고 아랫꼬리를 달았던 자리에 주목해야 합니다. 결국 세력의 관리를 받는 중요한 포인트가 되기 때문입니다. 지지로 작용했던 자리는 계속 지지로 작용하게 되고, 그곳이 뚫리면 저항으로 빠르게 전환되는 습성을 가집니다. 결국 A가 매수 포인트가 됩니다. 매수는 그 부근에 매수를 분산시켜서 하는 방법이 가장 효과적입니다. A에 호가 단위로 맞춰 놓으면 체결이 안 될 가능성이 있습니다. 강한 지지점이지만 몇 호가 전에 리바운딩이 나오거나, 살짝 깨지고 리바운딩이 나오는 경우가 많기 때문입니다. '매수는 정승같이, 매도는 짐승같이' 해야 합니다. 여유롭게 깔아놓고 기다리는 게 중요합니다. 매도는 역시 의미 있는 자리인 B가 되고, 그 자리는 한번에 크게 밀려 내려왔기 때문에 큰 저항이 됩니다. 차트에서도 살짝 돌파 후 밀려 내려왔음을 알 수 있습니다. 다른 예를 보겠습니다.

이 그림에서 중요한 라인은 A와 B입니다. 역시 앞의 예처럼 A는 강력한 매수 포인트가 됩니다. 매도 포인트는 B가 되는데 매수된 지 4일 만에 매도가 근처를 주는데 바로 밀려 내려간 것을 볼 수 있습니다. 아마 몇 호가 차이가 안 나면 그냥 매도로 대응할 수도 있는데 이 경우는 좀 차이를 보입니다. 시가 고가에 밀려 내려가서 사실상 매도로 대응할 기회도 별로 없습니다. 그리고 이후에 한번 더 꺾여 내려가면서 A 지지선도 살짝 깨버립니다. 충분한 리바운딩이 나오지 않으면 추가적으로 한 번 더 시도하는 경우가 대부분입니다. 그러나 거의 한 달이 걸려서 B를 돌파하는 흐름이 나옵니다. 여기서 생각해야 할 것이 있습니다. 거의 한 달이라고 제가 표현했는데, 캔들의 개수는 고작 20개입니다. 돌파 시도와 실패, 그리고 다시 저점 확인과 재돌파…, 이 과정이 캔들 20개면 매우 빠른 속도라고 볼 수 있습니다. 개인 매매자들은 침착할 필요가 있고, 서두르지 않아야 안정적인 수익을 낼 수 있다는 것의 좋은 예가 되겠습니다. 무조건 기다리라는 게 아니고 올바른 포인트에서 매수하고 기다리면 그렇게 힘들 이유가 없습니다. 리바운딩 매매는 좀 더 확실한 수익을 챙길 수 있는 방법 중 하나입니다.

12
승률 100%의
반등파 매매 기법

반등파 매매는 엘리엇 파동에서 B파 매매를 하는 것입니다. 일단 자료부터 보면서 설명하겠습니다.

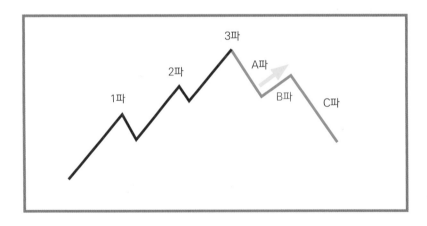

엘리엇 파동은 크게 상승 3파, 하락 3파로 구성됩니다. 자세하게 나누면 상승 시에 1, 3, 5 상승 파동과 2, 4 조정 파동으로 5개로 나누기도 합니다. 하락 추세에서는 A, B, C파가 있는데 A, C는 하락이고 B는 일시적인 반등파라고 합니다. 지금 공부할 내용은 여기서 중요한 반등파 B파를 이용한 매매입니다. 1, 2, 3파 때 매매에 참여한 사람도 있고, 그렇지 못한 사람도 있습니다. 크게 수익을 낸 사람도 있고, 손실로 결과를 낸 사람도 있을 것입니다. 그러나 상승 1, 2, 3파에서는 올라가는 흐름이라 3파에서 모르고 매수한 사람을 제외하고는 힘든 경우가 적습니다. 그 다음인 하락 파동이 문제가 되는데, 여기서 물량을 크게 추가 매수를 하는 경우가 많습니다. 흔히 물타기라고 부르는 추가 매수가 자칫 주식 투자 자체를 뒤흔들 수 있기 때문입니다. 하락파에서 공략 포인트는 B파입니다. 낙폭과대에 의한 일시적인 반등이라고 생각할 수도 있지만 파동의 마무리에서 나오는 필수적인 요소이기도 합니다. 이유는 3파 고점에서 세력은 물량을 모두 정리할 수 없기 때문입니다. 물량은 서서히 정리하게 되고, A파에서도 급격하게 처분하지는 않습니다. B파는 어떻게 보면 잔인한 파동이 될 수 있는데, 낙폭과대의 되돌림을 일으키면서 신규 매수자들을 참여시키고, 기존 고점에서 물려 있는 매매자에게 추가 매수까지 유발시키는 것입니다.

앞의 그림을 통해 그 심리를 잘 파악할 수 있습니다. A파가 만들
어지면서 급격하게 주가가 하락합니다. 그리고 반등파인 B파가 발
생하는데, 상당히 조금 나오는 것처럼 보입니다. 그러나 이 자리도
23% 반등 구간임을 간과해서는 안 됩니다. 물론 실전에서 23% 수
익을 챙기기는 불가능하지만 안전한 수익을 챙기는 데는 그다지
문제될 것이 없습니다. 그럼 매수와 매도의 포인트를 잡아볼까요?

　　매수 구간은 상승 3파 이전에서 포인트를 잡아야 합니다. 바로 앞
에서 지지 포인트였던 곳이 이후에도 당연히 지지 포인트가 되기
때문입니다. A구간이 지지 포인트가 되는데, 역시나 이후에도 지지
가 되는 모습을 보입니다. 매도 구간은 역시 3파의 의미 있는 거래
량이 있던 캔들, 그리고 의미를 부여해야 하는 캔들의 저가가 매도
자리가 됩니다. B구간에서 두 차례 그 자리를 주었고, 역시나 종가
로는 돌파를 실패하는 모습입니다. 반등파 매매 기법에서는 두고
볼 필요가 없고 미리 선매도 주문으로 매도하는 전략이 주효합니
다. 또 다른 예를 보겠습니다.

이 예도 상승 파동을 마무리하고 하락 파동으로 전환되며 반등파
가 나왔습니다. 역시나 매수 구간은 A구간이 되는데, 이전 지지점
을 추가로 이탈하는 지역이 발생하지만 다음 날 장대양봉으로 커
버해주는 모습입니다. 즉 이 말은 단기 휩소이기도 하지만 그만큼
중요한 자리라는 의미가 됩니다. 확실히 중요 지지라인에서 거래
량도 커지고 있습니다. B구간에 역시 2회 정도 매도의 기회를 주는
모습입니다. 실전에서 모르고 매도를 안 깔고 넘어간다면? 그건 있
을 수 없는 일이고, 기법으로 매매를 할 때는 무조건 원칙에 따라야
한다는 것을 다시 한 번 강조합니다.

13
갭 매매 기법

갭이라는 것은 주가의 익일 변동성을 크게 보여주는 것입니다. 전일 종가보다 높이 떠서 시작하는 것을 상승갭이라고 하고, 반대로 정일 종가보다 하락을 주며 시작하는 것을 하락갭이라고 합니다. 갭이 발생하는 이유는 상승갭의 경우 전일 종가 이후 급작스러운 호재가 발생했을 경우가 많습니다. 시간 외 거래에서부터 반응해서 갭이 뜨는 경우도 있고, 시간 외 거래가 끝나는 오후 6시 이후에 호재가 나와서 상승갭이 나타나는 경우도 있습니다. 하락갭은 반대의 경우입니다. 보통 상승갭은 전일 종가에 양봉으로 마감하는 경우가 많고, 하락갭은 전일 종가에 하락으로 끝나는 경우가 많습니다. 큰손들은 어느 정도 알고 있을 경우가 많기 때문입니다. 상승갭의 예를 먼저 살펴보겠습니다.

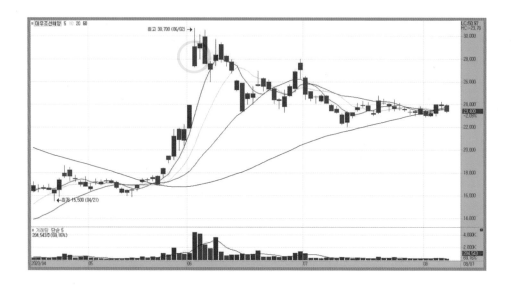

차트를 보면, 6월 2일에 이 종목은 상승갭으로 출발합니다. 그렇게 가볍지 않은 종목인데도 시가가 21.5% 상승으로 출발합니다. 6월 1일에 카타르에서 23조 원 규모의 수주를 따냈습니다. 초대형 호재가 있었으니 큰 상승으로 시가가 형성된 것입니다. 장중에 나온 뉴스라면 모양이 당연히 달랐을 것입니다. 장대양봉을 세웠다가 윗꼬리가 달리는 흐름이 나왔을 것입니다. 상승갭에서 가장 중요한 것은 시초가 흐름입니다. 시초가에서 일단 승부를 보는 방법이 있고, 시초가 이후 오히려 조정이 나올 때 진입해보는 방법이 있습니다. 어쨌든 상승갭에서는 시초가가 공략이고 20분 안에 승부를 끝내야 합니다. 시초가 공략이 안 되고 저점 공략을 했을 때는 첫 30분 저점을 다시 이탈하면 매도로 대응해야 합니다. 즉, 첫 30분 저점은 절대로 깨지 않아야 가능성이 높습니다. 그리고 윗꼬리 발생 후 몸통 길이가 윗꼬리 길이와 같아지면 더 이상 매매를 안 하는 게 바람직합니다. 다음은 하락갭 케이스를 보겠습니다.

    이 경우에는 문제가 있습니다. 첫 중요 저점인 A구간 이하로 시초가를 만들었다는 것이 문제입니다. 즉, 첫 지지점이 되어야 할 지점이 하락갭으로 뚫렸다는 것은 결국 그날은 손도 대지 말아야 한다는 의미입니다. 차라리 그 자리를 다시 치고 올라올 때 추격 매수를 하는 것보다 더 안 좋습니다. 그럼 어디까지 기다려야 할까요? 적어도 이전 고가 B구간이 지지되는지 확인하고 매매를 시작해야 합니다. 그 자리는 뚫고 내려와도 다시 되돌림이 나오는 자리가 됩니다. 다른 하락갭의 예를 한번 보겠습니다.

A구간의 하락갭이 -5.42%입니다. 중요한 건 중요 저점 자리를 이탈하지 않았다는 것입니다. 그러면 매수 구간은 어디일까요? 당연히 A구간의 저점 라인이 됩니다. 의미 있는 저점 2,415원에 매수를 해도 충분합니다. 매도 구간은 다음 의미 있는 저점인 B가 됩니다. 약 한 달 조금 안 되는 시간에 다음 저점까지 상승을 주게 됩니다. 그 이후에 추가 상승하지 못하니 흘러내려 오는 모습을 보입니다. 사실상 갭 매매 기법에서 상승갭 기법보다 하락갭 기법이 매매 포인트는 더 확실합니다. 상승갭에서는 기준을 잡는 것이 애매하기 때문입니다. 물론 이전 고점을 참고로 해야 하지만 하락갭 기법은 기준점이 근처에 있다는 확실함이 있습니다. 갭을 이용한 매매법은 주로 하락갭에서 요긴하게 쓰인다는 점을 다시 한 번 되새겨야 합니다.

14
종목 패턴, 습성을
이용한 매매 기법

종목마다 패턴이 확실한 것들이 있습니다. 이런 종목은 보통 얼마까지 떨어지면 상승을 시키고, 어디서는 딱 하락이 시작되기도 합니다. 보통 '끼 있는' 종목이라는 말을 많이 들어봤을 것입니다. 대부분 세력이 관리하는 종목들이 그런 모습을 보이는 경우가 많습니다. 왜 그럼 종목마다 패턴이 발생할까요? 그 이유는 이전에 차트를 만들었던 세력이 지금도 그 차트를 만들고 있을 확률이 매우 높기 때문입니다.

인기 가수의 모창 가수가 텔레비전 프로그램에 출연해서 주목을 받는 경우가 있습니다. 그러나 그것은 잠깐의 이슈로 그치고, 역시 원조 가수의 인기를 능가할 수 없습니다. 왜냐하면 그 가수만의 고유한 목소리와 창법이 있기 때문입니다. 게다가 습관까지 더해지면 원조 가수를 아무리 모방한다고 해도 그 사람만큼 잘할 수 없습니다. 차트를 만드는 기술도 마찬가지입니다. 그 세력만의 색깔이 있고 패턴이 있습니다. 그리고 무엇보다 중요한 자금력도 크게 변화하지 않습니다. 우리가 과거의 차트를 분석하는 이유도 거기에 있습니다. 습관과 패턴을 발견하기 위해서입니다. 물론 패턴과 습관을 아닌 척 변형하는 경우도 있고, 갑자기 자금력이 풍부해지는 경우도 있습니다. 일단 예를 하나 보겠습니다.

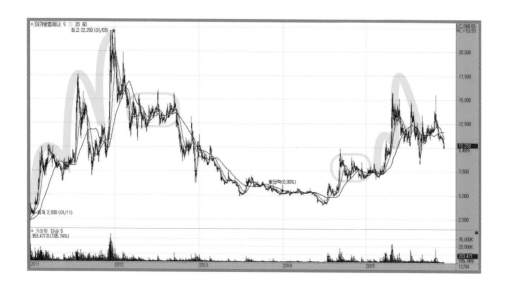

종목들은 몇 년이 지나도 비슷한 흐름을 보이고, 비슷한 패턴을 보입니다. 파동의 크기가 작아지거나 할 수는 있지만 파동은 파동, 추세는 추세로 움직입니다. 물론 시즌을 타는 테마는 각 계절마다 움직이는 경우도 있습니다. 보통 예전의 지지 스타일과 비슷한 패턴을 보이는 경우가 대부분입니다. 그들의 습성과 패턴이 배어 있기 때문입니다. 조금 더 디테일한 장면을 보도록 하겠습니다.

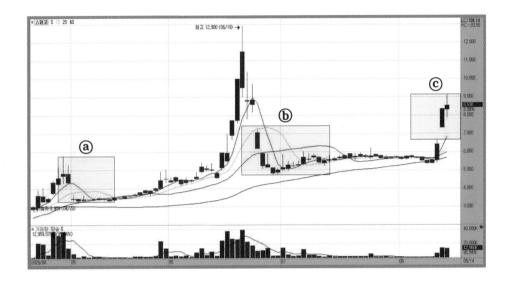

　ⓐ박스는 이제 익숙하게 그릴 수 있을 것입니다. 네, 한 번의 단기
사이클 조정 크기입니다. 결국 ⓐ박스 고점에서 다음 저점까지 이
어 박스를 그리면 그 크기가 그 세력의 한 블럭 에너지의 단위입니
다. ⓑ박스 하락갭 자리 고가에서 저가까지의 크기이고, ⓒ박스 상
승갭 고가에서 3일 전 고가와 정확히 만납니다. 이 세 박스가 ⓐ박
스 크기를 그대로 복사한 크기입니다.

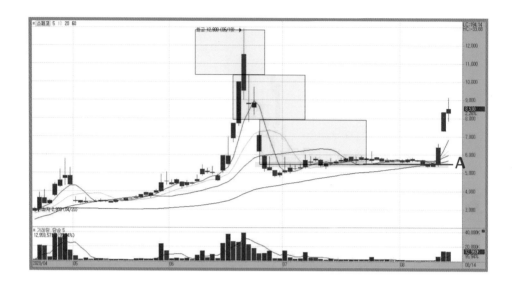

그럼 그대로 이 세 박스를 고가에서 밑으로 쌓아보겠습니다. 그리고 가장 하단에 있는 박스 시작점의 노란 선을 보면 이번 상승 초입 시가와 그대로 일치하는 것을 알 수 있습니다. 이래도 이 종목을 관리하는 세력이 없다고 할 수 있을까요? 그러기에는 너무나 많은 놀라운 일들이 주식 차트에서 벌어지고 있습니다. 추세들도 마찬가지입니다. 역시 예를 하나 보겠습니다.

다음은 주봉으로 7년간을 살펴본 차트입니다. 이 7년간의 차트에서 박스와 추세뿐입니다. 박스는 횡보 추세라고 하므로 사실상 이 종목은 오로지 추세뿐입니다. 어떤 지역은 박스만 1년이 넘을 때도 있고, 1년 내내 상승 추세를 보일 때도 있고, 2년 동안 하락하는 경우도 있습니다. 이러한 패턴도 이 종목을 관리하는 세력의 패턴이자 습성이 됩니다. 주식 시장에서 제일 아이러니한 게 뉴스라고 이야기했습

니다. 후행성 지표라고 하면서 당장에 겁을 많이 내며 민감한 게 주가입니다. 지금 실적이 최상으로 나와도 여기가 끝일 수 있다는 겁을 먹고 있는 게 주가입니다. 반면에 최악의 실적을 내도 이 이하는 없다고 만용을 부리기도 하는 게 주가입니다. 무엇이 맞는 걸까요? 네, 맞습니다. 결국 주가를 조정하는 사람에게 맞춰가야 합니다. 내가 볼 때 이 종목은 반드시 오른다고 해서 오르지 않고, 내릴 거라고 해서 내리지도 않습니다. 그래서 주식을 매매하는 사람은 세력의 습관과 패턴에 귀를 기울여야 하고 예측해야 하며 따라가야 하는 것입니다. 세력의 목적은 큰 수익이고, 개인 매매자의 목적은 안전한 수익입니다. 서로 윈윈할 수는 없고 누군가는 비싼 가격에 사야 하며, 누군가는 비싸게 팔아야 합니다. 그들과 맞서서 반대로 행동하시겠습니까? 아니면 그들의 습관에 살짝 올라타서 수익을 내고 유유히 사라지시겠습니까?

15
거래량이 터진 이후
매매법

    거래량은 시장의 관심을 끄는 방법 중 하나입니다. 거래량이 터지며 주가가 폭등하는 종목에게 가장 큰 관심이 쏠립니다. 그러나 거래량이 터지지만 동시에 주가도 폭락하는 경우에도 시장의 관심을 끌게 됩니다. 보통 거래량은 에너지의 흐름이라고 볼 수 있습니다. 거래량에 따른 주가의 변화는 어떨까요?

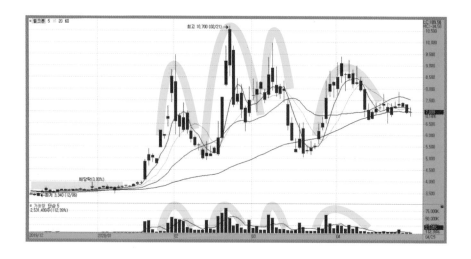

역시 맨 왼쪽처럼 주가의 변동이 없을 때는 거래량도 바닥을 나타냅니다. 거래량이 터지기 시작하면서 주가도 변동을 보이는데, 차트를 보면 거래량이 많은 날은 장대양봉이거나 장대음봉이 대부분입니다. 그만큼 가격 변동성을 많이 보이면 많은 매물을 건드리기 때문에 거래량이 늘어나는 것은 당연합니다. 그렇다면 거래량이 많아져서 시장의 관심을 받게 되고 그 종목에 대한 참여자들이 많아지면 어떻게 매매를 해야 할까요? 일단 급등 후 진정세를 확인하는 방법입니다. 예를 보겠습니다.

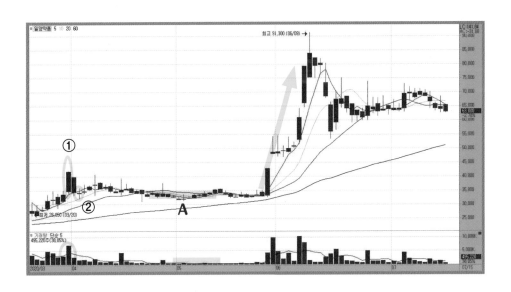

①에서 거래량이 터지는 것을 확인했습니다. 추격 매수는 절대로 없다는 것은 이제 잘 알고 있을 것입니다. ②는 중요한 날인데, ① 장대음봉의 저가까지 이탈하는 날입니다. 물량이 쏟아지나요? 그렇지 않고 오히려 종가를 보면 도지 형태로 마감합니다. 그날 가격

대가 앞으로 중요한 흐름이 됩니다. 침착하게 매수를 기다리는데, 매수 급소는 거래량이 바닥을 보이며 단봉들이 출현하는 A구간입니다. 무조건 거래량이 떨어져야 하는 곳만 찾는 게 아니고 ②캔들 가격대와 일치하는 구간에서 매수하는 것입니다. 매수를 했으면 다음에 할 일은 없습니다. 이제 거래량이 터지는 양봉만 기다리면 되는 것입니다. 그러면 하락 거래량이 터지면 어떻게 매매해야 할까요? 이 역시 예를 보겠습니다.

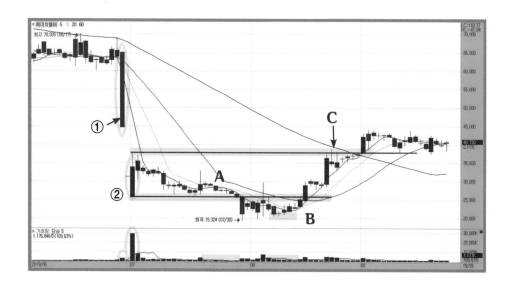

일단 거래량이 터진 ①장대음봉은 관찰을 합니다. 하한가를 간 종목은 당연히 악재가 있어서 떨어지는 것이므로 가격이 그 악재만큼 해소될 때까지 기다려야 합니다. 그 가격은 규정에도 없고 공식도 없습니다. 거래량이 다 털려나올 때까지 봐야 합니다. 결국 ②에서 거래량이 터지는데, 크게 하락으로 출발한 주가를 플러스

로 만들어놓습니다. 이제부터 주목해야 합니다. ②의 시작점인 시가에 선을 그어놓는 것은 이제 기본입니다. 그리고 그 자리가 지지받는지와 이탈하는지를 동시에 체크합니다. 왜냐하면 악재로 하락한 종목이기 때문에 이전 저점을 또 이탈하면 매물 출회가 많기 때문입니다. 그래서 이런 종목은 ②의 하단 라인을 들락날락하는 경우가 많습니다. 그 자리 매수를 하는데 거래량 바닥구간을 찾습니다. A와 B가 그 구간이 되는데, 이런 종목에 집중 투자하거나 무리한 비중을 두는 것은 금물입니다. 이런 종목으로 팔자를 고치려고 하는 생각은 주식 매매를 투기로 만드는 행위가 됩니다. 매도는 어떻게 해야 할까요? 역시 욕심은 금물입니다. 하락갭 부분만 메꾸면 임무 완수입니다. 그것만 해도 수십 %의 수익을 올릴 수 있습니다.

16
새내기
매매 기법

마지막으로 새내기 매매 기법을 공부해보겠습니다. 줄여서 새내기 기법은 신규 상장주 매매 기법입니다. 일단 신규 상장을 하면서 최근에 엄청난 청약 경쟁률로 관심을 모은 종목의 예를 한번 보겠습니다.

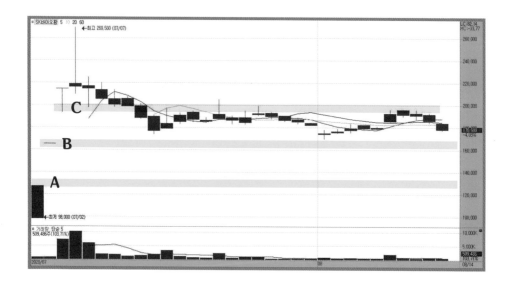

이 종목은 3연상 행진을 벌였던 종목이고, 오히려 개인 매매자들이 지금 힘들어하는 순간을 맞이하고 있습니다. 먼저 C구간을 주목할 필요가 있습니다. 이날 장중에 상한가가 풀리면서 대량 거래가 일어납니다. 그 자리인 193,500원이 핵심 자리이고, 그다음 B와 C 사이가 매수를 해야 할 공간이 됩니다. 신규 상장주들은 저항이 적습니다. 당연히 매물벽이 얇기 때문이고, 신고가는 쉽게 가지만 하방이 뚫리면 신저가도 쉽게 갑니다. 이 종목은 대형그룹사라는 탄탄함과 기술 수출이 아닌 직접 판매라는 강력한 미래가 보장되어 있습니다. 그런 것에 비해 '겨우 상한가 3방?'이라고 생각하실 텐데, 시가총액이 15조 원이라는 데 주목해야 합니다. 상당히 무거운 종목이라는 이야기입니다. 이런 종목은 A구간과 B구간 사이에 매수를 해야 제대로 승부를 볼 수 있는 것입니다. 지금 C구간을 제대로 통과하지 못하고 있음을 알 수 있고, 시간이 더 경과하면 추가 하락의 가능성도 배제할 수 없습니다. 새내기 매매는 더욱더 신중하게 안정적으로 해야 합니다. 지지와 저항이 얇다는 것을 다시 한 번 강조합니다. 다음 예를 보겠습니다.

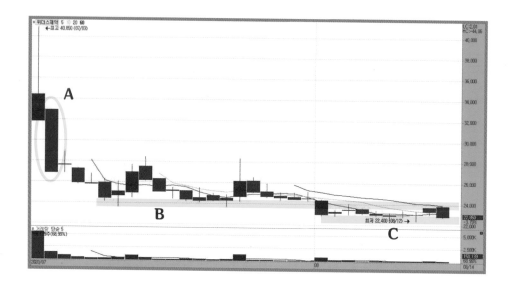

이 종목은 앞서 종목과 비슷한 시기에 상장한 회사입니다. 역시 상장 전에 기대가 많았고 개인 매매자들이 상당히 많이 참여한 종 목입니다. 그러나 지금 비참하기 짝이 없습니다. A구간에서 장대음 봉이 나왔으니 앞에서 배운 것처럼 일단 기다리는 게 상책입니다. 신규 상장주라서 빠지면 빠지는 대로 내려갑니다. 지지력이 약하기 때문입니다. B구간에서 거래량이 줄면서 저점을 잡는 듯합니다. 그 러나 이 자리가 저점이라는 확신이 있습니까? 저는 없습니다. 겨우 한 번 저가를 갱신하고 지지력이 생겼다는 것은 말도 안 되기 때문 입니다. C구간까지 저가를 갱신했는데 이제 그럼 저가를 잡은 것 일까요? 이것도 아직 확신이 없습니다. 이 종목은 그럼 언제 매매 를 해야 할까요? 차라리 매매한다면 저가를 한 번 더 갱신하는 캔 들이 나오고 그다음 다시 거래량 절벽을 보이며 수렴하다 거래량 이 터지는 양봉이 나오면 그 자리가 매매 기준이 될 것입니다. 지

금 스타일로 나가면 매수에 참여할 사람이 없습니다. 고점 매수자들의 매물도 계속 나올 가능성이 있기 때문입니다. 더 지켜봐야 할 종목의 예가 되겠습니다. 대시세를 주는 새내기주들의 특징 중 하나를 보여드리겠습니다. 먼저 차트 두 개를 볼 텐데 한 종목은 거래일수가 꽤 되었습니다.

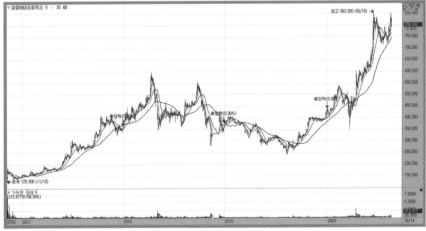

첫 번째 종목은 2차전지로 신고가 행진을 하고 있고, 두 번째 종목은 미래바이오 섹터를 책임질 수 있는 대기업입니다. 첫 번째 종목은 상당히 긴 눌림이 있었다는 특징이 있고, 두 번째 종목은 초반 명성에 비해 상승세가 약했다는 게 특징입니다. 그럼 이 종목들의 매수 포인트를 확대해서 잡아보겠습니다. 먼저 첫 번째 종목입니다.

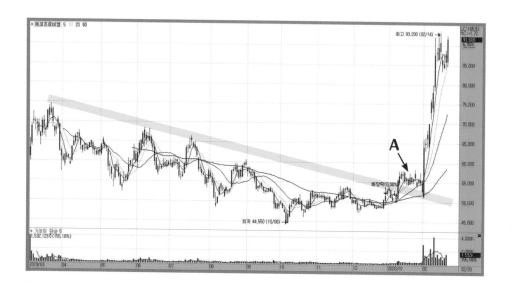

매수 포인트는 바로 하락 추세가 끝나는 A지점입니다. 저가 갱신은 수없이 했고 추세 변환을 하면서 거래량이 붙기 시작하는 곳에 집중해야 합니다. 매도는 이전 고점들 통과를 모두 지켜봐야 하며 이전 고점마다 분할 매도를 해도 되지만 거래량에만 주목하면 됩니다. 추세 전환이 되면 신추세를 만들기 때문에 다음 이어지는 추세에 주목하면서 침착하게 매매를 이어가면 됩니다.

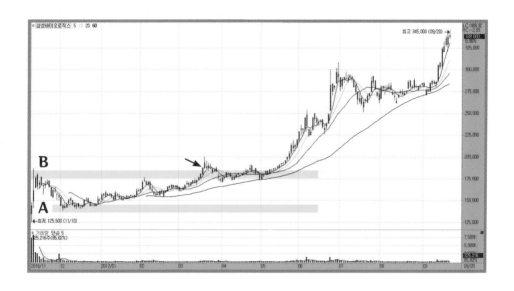

이 종목은 A지지점을 확인해야 하나 다시는 주지 않는 패턴입니다. 이럴 때는 차라리 B를 돌파하는 흐름을 기대하는 게 낫습니다. B를 통과하면서 바로 급등하지는 않습니다. 당연히 그때 상당한 거래량이 나왔기 때문에 매물을 소화하는 과정을 거치고 있음을 알수 있습니다. B구간에서 매수하고, 최악의 경우 A구간까지 다시 내려오면 추가 매수를 한다는 생각으로 매매를 하면 됩니다. 매도는 어떨까요? 앞에서 배운 기법들 중 박스 기법들을 응용하면 얼마든지 매도 포인트가 발생합니다. 새내기 매매법은 매우 신중해야 하고, 조금만 성급한 판단을 하면 크게 손실이 날 수도 있습니다. 항상 침착하게 원칙대로 대응해야 합니다.

최강주의 주식 Class
나도 이제 주식 프로트레이더

제1판 1쇄 | 2020년 12월 25일

지은이 | 최강주
펴낸이 | 손희식
펴낸곳 | 한국경제신문*i*
기획제작 | (주)두드림미디어
책임편집 | 우민정   디자인 | 디자인 뜰채(apexmino@hanmail.net)

주소 | 서울특별시 중구 청파로 463
기획출판팀 | 02-333-3577
E-mail | dodreamedia@naver.com
등록 | 제 2-315(1967. 5. 15)

ISBN 978-89-475-4674-4 (03320)

한국경제신문*i* 재테크 도서목록

㈜두드림미디어 카페
https://cafe.naver.com/dodreamedia